Den Tschechen entkommen, den Russen entflohen, aus Österreich geflüchtet

Dr. Rolf Peter

Bibliografische Information
der Deutschen Nationalbibliothek:

Die Deutsche Nationalbibliothek
verzeichnet diese Publikation in
der Deutschen Nationalbibliografie.
Detaillierte bibliografische Daten
sind im Internet über
http://www.d-nb.de abrufbar.

Alle Rechte der Verbreitung,
auch durch Film, Funk und Fernsehen,
fotomechanische Wiedergabe,
Tonträger, elektronische Datenträger
und auszugsweisen Nachdruck,
sind vorbehalten.

© 2015 novum Verlag

ISBN 978-3-99048-090-8
Lektorat: Silvia Zwettler
Umschlagfoto:
Osorioartist | Dreamstime.com
Herausgegeben von:
Dipl.-Ing. Thomas Kurt Peter
Umschlaggestaltung, Layout & Satz:
novum Verlag
Innenabbildungen:
Dipl.-Ing. Thomas Kurt Peter (2)

Gedruckt in der Europäischen Union
auf umweltfreundlichem, chlor- und
säurefrei gebleichtem Papier.

www.novumverlag.com

Dr. Rolf Peter (1905-1990)

VORWORT

Dr. Rolf Peter schilderte im vorliegenden Bericht von Ende 1945/46 seine abenteuerliche Flucht vor der Roten Armee aus dem ehemaligen Protektorat Böhmen und Mähren in seine Heimat in Württemberg.

PETER (1905–1990) war während des Weltkrieges II von 1939–1945 Leiter des Arbeitsamtes in Brünn.

Sein ältester Sohn, Dipl.-Ing. Thomas K. PETER (Jahrgang 1932), veröffentlicht nun nach rund 70 Jahren den Bericht seines Vaters zur allgemeinen Information und bleibenden Erinnerung.

Zum besseren Verständnis der Ereignisse sollte man Folgendes wissen:

Im Münchner Abkommen vom Oktober 1938 wurde die Tschechoslowakei vom Deutschen Reich, Großbritannien, Frankreich und Italien gezwungen, die von Deutschen bewohnten Randgebiete, eben das Sudetenland, an Deutschland abzutreten. Am 15. März 1939 besetzte Hitler die „Rest-Tschechei", gleichzeitig erklärte die Slowakei ihre Unabhängigkeit. Hitler errichtete das „Protektorat Böhmen und Mähren", ein dem Deutschen Reich angegliedertes „Schutzgebiet", bestehend aus dem tschechischen Teil der Tschechoslowakei mit 48000 km² und 7,5 Millionen Einwohnern, Hauptstadt Prag. Seit September 1941 war Reinhard Heydrich als „Reichsprotektor" der führende Mann und die Protektoratsregierung unter Hacha war von seinen Befehlen abhängig.

Ab Dezember 1941 war der in dem folgenden Text erwähnte Dr. Walter Bertsch Minister für Wirtschaft und Arbeit in dieser Regierung.

Sein Ministerium wurde im Verlauf des Krieges immer wichtiger, denn Deutschland war mehr und mehr auf ausländische Arbeitskräfte angewiesen, die die deutschen Arbeiter, die zur

Wehrmacht eingezogen worden waren, ersetzen sollten. Während 1942 79000 Arbeiter aus dem „Protektorat" im Reich arbeiteten, waren es im nächsten Jahr bereits 250000.

Um diese hohe Zahl zu erreichen, wurde von der Protektoratsregierung Wirtschaftsminister Bertsch ermächtigt, Betriebe und Teile von Betrieben stillzulegen, um Arbeiter für das Reich, aber auch für die bedeutende Rüstungsindustrie im „Protektorat" freizusetzen. Obwohl die Arbeitsämter ein absolutes Vermittlungsmonopol hatten, konnten sie den großen Arbeitskräftebedarf kaum decken. Deshalb wurde 1944 alle unnötige Verwaltung gestoppt, auch wurden alle Theater geschlossen und die 60-Stunden-Woche eingeführt.

In seinem Bericht macht Peter einige Andeutungen über die von den Deutschen im „Protektorat" eingeführten sozialpolitischen Neuerungen. Zunächst waren die Löhne der tschechischen Arbeiter im Protektorat den deutschen Verhältnissen angeglichen worden. Auch wurde eine allgemeine Arbeitslosenunterstützung eingeführt.

Als im Januar 1945 die Front näher rückte, wurden 40000 Mann zu Befestigungsarbeiten im Raum Brünn und Olmütz eingesetzt. Dass es um deren Arbeitsmoral sehr schlecht bestellt war, können wir dem Bericht von Peter entnehmen.

Waldstetten, im Januar 2015
Professor Dr. Ulrich Müller

Literatur:
Brandes, Detlef: Die Tschechen unter deutschem Protektorat, Teil I 1969, Teil II 1975, München und Wien (Oldenbourg) 1969, 1975

Die Geschichte unserer Heimkehr
aus dem ehemaligen Protektorat Böhmen und Mähren
in den Monaten April–Juni 1945

UNSER WEGGANG AUS BRÜNN

Es ist Anfang April 1945. Die Osterglocken läuten. Das Mährische Land liegt in tiefem Frieden.

Doch nur äußerlich. Man spürt die Ruhe vor dem Sturm.

Der Feind rückt näher und näher. Zunächst scheint die größte Gefahr von Ungarn und der Slowakei her zu kommen, das Waagtal herauf. Da stürmen auf einmal die Russen gegen die Mährische Pforte, hinter der anscheinend das Industrieziel Mährisch-Ostrau lockt. Auch im Norden ist die Luft nicht mehr rein. Die Russen stoßen aus Schlesien und Sachsen nach Süden und bedrohen Böhmen. Für Mähren besteht die Gefahr einer Abschnürung vom übrigen Reichsgebiet und einer Einkesselung. Die Partisanen im eigenen Land nehmen rapid zu. Die Wälder – später auch Dörfer und kleinere Städte – werden selbst bei Tage immer unsicherer.

Unter den Partisanen sind Russen, Polen, viele emigrierte Tschechen, flüchtige Kriegsgefangene aller Völker, auch deutsche Deserteure. Ihre Anführer setzt der Feind während der Nacht mittels Fallschirm neben vielen Waffen, Lebensmitteln, Munition und Anweisungen ab. Die Tschechen im Lande helfen den Partisanen, wo und wie sie nur können. Bald ist jeder Tscheche Partisane. Sie halten zusammen wie die Kletten. Keiner verrät den anderen.

Im Land siedet und brodelt es an allen Ecken und Enden. Die Tschechen warten auf die Stunde ihrer Befreiung, auf ihren Sieg, für den sie nie offen und ehrlich, aber stets und seit Jahren mit meisterhaftem Geschick versteckt gekämpft haben.

Viele Deutsche sehen ein Ende des Krieges mit Schrecken voraus. Sie sagen ihre Meinung nicht offen. Wenige andere warten immer noch auf das technische Wunder, das eine Kriegswende zugunsten Deutschlands ermöglichen soll und von dem die deutsche Führung seit Monaten so geheimnisvoll spricht. Einheimische Brünner Deutsche prophezeien ein Massaker der Tschechen für den Fall eines für Deutschland schlechten Kriegsausganges.

In dieser gespannten und geladenen Atmosphäre wirkt der äußerliche Osterfriede beunruhigend und nervenaufpeitschend. Die deutsche Bevölkerung sitzt seit langer Zeit schon auf diesem sprichwörtlichen Pulverfass, das zur Explosion drängt.

Das Ratschlagen um das, was die Kriegslage erheischt, ist bei uns wie in den meisten anderen deutschen Familien seit Mitte des Jahres 1944 nicht verstummt. Brünn ist zwar noch verhältnismäßig sicher, wenn auch die täglichen Fliegeralarme, gelegentliche Angriffe mit Bombenabwürfen und Tieffliegerbeschuss und die geschilderte Situation mit ihrer heimlichen Stille die Menschen nicht mehr zur Ruhe kommen lassen.

Soll man die Kinder wegtun?

Wo sollen sie hin?

Auf's Land oder in die Heimat?

Soll die Frau hierbleiben?

Was soll mit der Wohnung und der Einrichtung geschehen?

Soll man etwas von seinen Habseligkeiten nach Hause schicken?

Das sind tägliche bange Fragen, die vor allem beim Abhören des Radios gestellt werden, wenn die Nachrichten neue beunruhigende Meldungen von den Kriegsschauplätzen bringen. Dazu kommt die ungeheure dienstliche Inanspruchnahme, die auch an Sonn- und Feiertagen und während der Nacht für private Dinge und für große Überlegungen keine Zeit lässt.

Unser tschechisches Dienstmädchen gibt immer wieder den Rat, Frau und Kinder mögen flüchten. Sie sagt, die Tschechen würden alle Deutschen totschlagen und dabei keine Rücksicht auf Frauen und Kinder nehmen. Offensichtlich meint sie es gut mit uns, vor allem mit dem kleinen Ulrich, an dem sie sehr hängt, weil sie ihn mit großgezogen hat.

Das Ergebnis unserer kurzen Beratungen im Familienkreis führt zunächst zu keinen weiteren Veranlassungen. Letzten Endes war es auch schon seit dem vergangenen Herbst zu spät. Die Eisenbahnzüge im Reich und nach dem Reich werden bombardiert und brennen aus. Sie sind Tieffliegerangriffen ausgesetzt und verkehren immer unregelmäßiger. Bald ist auch unsere Heimat

Württemberg mehr direkt vom kämpfenden Feind bedroht als Mähren und die Stadt Brünn.

Es ist aber nicht allein deswegen nicht möglich oder ratsam, viel von unserem schönen und wertvollen Eigentum sicherzustellen oder die Kinder nach Hause zu schicken, sondern insbesondere weil Partei und SS dies mit allen zu Gebote stehenden Mitteln zu verhindern suchen. Der Deutsche soll mit gutem Beispiel vorangehen, sagen sie. Die Reichsbeamten werden besonders scharf überwacht. Man kann nicht einmal unbeobachtet Pakete mit der Post oder Bahn wegschicken oder Geld auf der Bank abheben. Überall sind Spitzel. Ich leide unter diesem Terror, weil ich sehe, dass Prager Herren – also diejenigen, welche diese Anordnung trafen – trotz alledem Teppiche, Möbel, später auch Frauen und Kinder in Sicherheit gebracht haben oder zu bringen versuchen. Auch darüber bin ich erbost, dass für Reichsbeamte keine zentrale Hilfsmaßnahme durchgeführt wird, um wenigstens Frauen und Kinder aus Feindesland in Sicherheit zu bringen.

Diese Unterlassung ist verantwortungslos. Ich empfinde dies umso mehr, weil ich mich ganz auf die Führung verlassen habe, die doch immer vorgab, so autoritär und stark zu sein und für alles zu sorgen. Manchmal bin ich über die Verhältnisse bitter enttäuscht und denke, dass Tausende und vielleicht Millionen armer und unschuldiger deutscher Menschen, meist Frauen und Kinder, auf diese Art und Weise unnütz dem Tode preisgegeben werden. Dies scheint mir nicht nur verantwortungslos, sondern sogar verbrecherisch. Wenn ich das früher gewusst oder auch nur geahnt hätte, hätte ich für mich, meine Familie und auch meine Leute im Amt viel besser vorgesorgt und längst entsprechend gehandelt. Jetzt ist es zu spät.

An Weihnachten 1944 gaben wir unserem Großvater, als er uns besuchte, wertvollen Schmuck mit. Zwei der vier Kinder sollten ursprünglich auch mitreisen. Die Trennung fiel uns aber zu schwer. Überdies wollte der Großvater den Ältesten, unseren Thomas, mitnehmen, der meiner Frau auf einer Flucht am meisten helfen könnte. Wir ließen dann den Buben in Brünn.

Ich bin fest entschlossen, erst dann meinen Posten zu verlassen, wenn ich dies als anständiger Mensch, der einen Eid geleistet hat und nach den geltenden Bestimmungen tun darf, vor meinem Gewissen verantworten kann. Mir ist durchaus klar, dass das Finden des richtigen Zeitpunktes sehr schwer ist, an dem man nach diesem Grundsatz abhauen kann, ohne weder dem Feinde noch der SS in die Hände zu fallen, die eifrig nach Deserteuren fahndet. Weiter ist mir klar, dass ich mich von Frau und Kindern trennen muss; denn für sie wird dieser Zeitpunkt früher gegeben sein als für mich. Mir ist ferner klar, dass wir praktisch nichts, wahrscheinlich nur noch das Allernötigste von unserem Hab und Gut mitnehmen können.

Einen Fluchtplan für die Familie habe ich mir im Stillen zurechtgelegt. Zu dessen Verwirklichung habe ich auch schon mit Kollegen Hauger in Tabor telefoniert, der meine Frau und Kinder zunächst aufnehmen soll.

An Ostern ist, wie gesagt, scheinbarer Friede, Osterfriede im schönen mährischen Lande. Wir machen mit der uns befreundeten Familie Uxa eine erste Frühjahrswanderung. Ein Zug bringt uns nach Strelitz. Auf der kurzen Fahrt treffen wir einen Flüchtling aus Pressburg, das der Feind schon besetzt hat, der zu Verwandten fährt und Schreckliches erzählt. Ergeht es uns einmal ähnlich?

Darüber sprechen wir, als wir zu Fuß durch das herrliche Tal der Obrava mit seinen knospenden Wiesen und Bäumen dem Flüsslein entlang zu dem deutschen Bauerndörfchen Morbes wandern. Feindliche Flieger, die gegen Mittag in mehreren Geschwadern am blauen Himmel hängen und über unseren Köpfen surren und dröhnen, stören uns wenig. Wir finden im Walde Schutz. Die Kinder wälzen sich lustig in den ersten Leberblümchen und Himmelsschüsseln. Thomas ist nicht dabei. Er ist auf Fahrt in den Pollauer Bergen.

In Morbes treffen wir eine SS-Polizeitruppe. Sie musste sich angeblich aus der Slovakei absetzen und macht uns einen schlechten Eindruck. Die Autos sind voll von gestohlenen Dingen wie Stoffen, Radios, Lebensmitteln usw. Frauen sind in dem Wagen. So ist der Krieg nicht mehr zu gewinnen, sagen wir zueinander.

Thomas kommt abends gesund, aber aufgeregt von seiner Wanderung nach Hause. Er kam in Lundenburg in den angeblich letzten Zug, der das von den Russen eingeschlossene Wien Richtung Norden verlassen konnte, und erzählt aufgeregt von Flüchtlingen und ihren Sorgen und Nöten. In der Woche nach Ostern wird in Göding, bei Zisterndorf und Lundenburg, im ganzen Waagtal, rund 60 km vor Brünn, gekämpft. Die Fliegertätigkeit über der Stadt wird reger und reger. Truppen kommen und gehen. Eisenbahnzüge können von Brünn aus nur noch nach Norden, Richtung Prag fahren. Die Linie nach Westen, die eigentliche Fluchtlinie, ist von Partisanen bei Iglau durch Sprengung einer Brücke unterbrochen. Brünn wird allmählich zur Etappe und Frontstadt. Es ist schon vor Wochen zur Festung erklärt worden. Entsprechende Vorbereitungen zur Verteidigung sind getroffen.

Jetzt glaube ich, Frau und Kinder Richtung Westen schicken zu müssen. Flüchtlingszüge verlassen bereits die Stadt. Meine Frau will nicht weg und weint, auch als ich ihr sage, dass entsprechende Anweisungen endlich da und bekannte Frauen schon weg sind. Der zu erwartende Abschied fällt ihr und mir schwer. Ich setze die Abreise auf Samstag, den 7. April fest. Nach langem Drängen meiner Frau und Kinder verschiebe ich den Termin auf Montag, den 9. April, damit die Familie noch einen letzten Sonntag in unserem wohnlichen Heim beisammen sein kann.

Der 8. April ist ein wolkenloser Sonntag.

Welch herrlicher Frühling! Kein Wölkchen trübt das unendliche azurblaue Himmelszelt. Ich bin wie an allen vergangenen Sonntagen im Amt und habe die Fenster offen, damit die Frühlingsluft so richtig in die nicht winterlichen Räume strömen kann. Dieses Jahr gibt es ja keinen Ski-Urlaub. Von der Front hört man heute keinen Kanonendonner. Es ist Ruhe wie schon seit Tagen nicht. Gegen Mittag erscheint meine Frau mit Frau Busch, mit der sie ihre ungewisse Reise antreten soll, um zu bitten, nicht reisen zu müssen. Bei mir ist gerade Kollege Kleinboeck aus Villingen, der als Wirtschaftsoffizier und Kriegsverwaltungsrat bei einer vor Brünn eingesetzten deutschen Armee Dienst tut und mich unerwartet besuchte, als er von meiner Anwesenheit erfuhr. Er rät trotz der vermeintlichen Ruhe dringend zur Abreise und wundert sich, dass Frau und Kinder noch da und im Kriegsgebiet sind. Ich bleibe unerbittlich und verlange die Abreise, obwohl mein Herz blutet. Die Trennung in dieser Ungewissheit ist mir schrecklich. Kann meine Familie überhaupt noch unbehelligt fortkommen? Wohin sollen sie gehen? Diese Frage drängt sich mir immer wieder auf. Bis in die Heimat können Frau und Kinder ja nicht mehr kommen, weil dort schon der Amerikaner kämpft.

Des Nachmittags sitzen wir gemütlich beim letzten Kaffee und wägen dies und jenes hin und her. Da, auf einmal ein Riesenkrach! Die Fenster klirren. Das Haus zittert. Was ist los? Wir fahren von den Stühlen hoch. Sind das nicht Bomben? Wir schauen durch das Fenster und sehen Rauchwolken aufsteigen. Aber es ist doch kein Alarm! Das Radio spielt die schönste Musik. Das kann doch nicht sein! Das gibt es doch nicht! Alles ist mäuschenstill. Noch mal dröhnt es, und wiederum, diesmal entfernter. Tatsächlich, es müssen Bomben sein. „Flieger mit deutschem Abzeichen, ganz nieder!", ruft der Bub, der am Fenster steht. Kein Alarm. Meine Frau rast, den kleinen Ulli auf dem Arm, in den Keller. Ich gehe auf die Straße. Die Sirene bläst. Alles ist jedoch schon vorbei. Nach 10 Minuten kommt schon Entwarnung.

Ich gehe durch die Stadt zum Amt. Mein Weg führt über das Glacis; hier fielen Bomben in spielende Kinder. Viele sind tot. Die harmlosen Geschöpfe liegen unter zerstörten Bäumen und Kinderwagen in ihrem Blut. In der Stadt sind viele Schäden zu erkennen. Es waren russische Flieger, die sich mit deutschen Abzeichen getarnt hatten, erzählen die Leute. Frau und Kindern wird die Abreise leichter. Sie erkenne den unerbittlichen Krieg und die unmittelbare Gefahr, in der sie jetzt in Brünn leben.

Die Abreise soll um 2 Uhr nachts in zwei Dienstwagen erfolgen. Das Ziel ist Tabor in Böhmen, wie ich mit Kollegen Hauger ausmachte. Busch soll mitfahren. Ich selbst will in Brünn bleiben.

Die Nacht ist kurz. Wir holen die Kinder aus ihren Betten und sind zeitig und termingemäß bereit. Schon lange warten wir. Immer wieder öffne ich das Fenster und schaue in die Nacht hinaus. Die Autos kommen nicht. Ist das Sabotage der tschechischen Fahrer? – Wer weiß es! Bei ihnen ist man ja immer angelogen.

Nach bangen Minuten hupt es endlich. Nur ein einziger Wagen steht unten vor dem Haus mit Frau Busch und ihren beiden Kindern. Der zweite Wagen ist angeblich kaputt. Ich packe eiligst Frau und drei meiner Kinder in den geräumigen Horch. Wir sagen uns kurz Lebewohl. Das Auto ist weg.

Die Abfahrt bleibt nicht unbemerkt. Auch tschechische Mitbewohner haben sich unter Tränen von meiner Frau und den Kindern verabschiedet. Sie wünschten gute Reise, schenkten den Kindern Bonbons und Kekse und meinten, ihnen könne nichts Böses zustoßen, da sie immer gut und gerecht zu ihnen gewesen seien.

Thomas hat gebeten, bei mir bleiben zu dürfen, weil er nicht in das überbesetzte Auto ging. Ich musste seine Bitte erfüllen, obwohl ich angesichts der aussichtslosen Lage Hemmungen habe. Was soll ich mit dem Buben anfangen?

Der zweite Wagen wird auf mein Verlangen, aber unter deutscher Aufsicht sofort repariert. Er kann noch am selben Tage nach Tabor fahren und Gepäck nachbringen, das zunächst dableiben musste. Thomas bleibt bei mir in Brünn. Ich will ihn dem tschechischen Fahrer nicht allein anvertrauen.

Wenige Tage vergehen. Ein weiterer schwerer Luftangriff, dem kein Sirenensignal vorangeht, folgt am Donnerstag. Ich fahre gerade auf der alten Reichsstraße Richtung Wischau und höre und sehe die Flieger in einer leichten Kurve Richtung Brünn einschwenken. Noch während des Bombardements lasse ich das Auto kehrtmachen. Ich strebe zum Amt. Trümmer in der Ölmützergasse versperren mir zunächst den Weg. Endlich komme ich zur Zeile durch. Im Amt sind Hunderte verschüchterte Tschechen nicht mehr aus den Kellern zu bringen. Ich bemühe mich persönlich, die vielen Menschen zu beruhigen. Dann suche ich Thomas, den ich nicht zu Hause, sondern auf der Straße finde. Dieser Angriff der Russen war viel stärker als der vom Sonntag.

Die Russen kommen weiter vorwärts. Vor den Toren Brünns wird nun in 20 bis 30 km Entfernung gekämpft. Wir sind über die Lage nicht genau unterrichtet und auf Gerüchte angewiesen, die in der Stadt hin und her gehen. Meine Zweigstelle Seelowitz muss eiligst und unter Feindbeschuss geräumt werden. Auch da muss ich persönlich hin, nachdem sich tschechische Bedienstete weigern, das Erforderliche zu tun. Häuser brennen in Ortschaften hinter Seelowitz. Straßenkämpfe. Wo ist die deutsche Führung?

Brünn ist auf einmal ganze Frontstadt. Man hört den nahen Krieg jede Stunde. Die Russen werden erwartet. Bekannte deutsche Frauen, die noch da sind, bitten eindringlich um Hilfe, damit ich sie aus der Stadt bringe. Ich veranlasse das Möglichste. Eine deutsche Frau mit vier kleinen Kindern kann ich mit einem Dienstwagen nach Zwittau schicken. Der tschechische Fahrer kommt samt dem Wagen nicht mehr zurück.

Thomas weilt noch bei mir. Er ist jetzt eine starke Belastung für mich, obwohl er mir den raschen Weggang der Familie leichter macht. Ich muss um den Buben immer Sorge haben und kann mich praktisch um ihn doch nicht kümmern, weil ich dienstlich sehr in Anspruch genommen bin.

Am Samstag, den 14. April, versuche ich Thomas persönlich aus der Frontstadt Brünn nach Tabor zu bringen. Die Abreise geht glatt, obwohl dauernd Fliegeralarm ist, droht aber letzten Endes an einem deutschen Feldgendarmen zu scheitern, der niemanden mehr aus der belagerten Festung Brünn herauslassen will. Es gelingt mir aber doch nach einigem Zureden, weiterzukommen, nachdem ich mich eingehend ausgewiesen habe.

In Tabor finde ich meine Familie. Sie ist den Verhältnissen entsprechend und mit Hilfe von Kollege Hauger gut untergekommen. Meiner Frau bringe ich noch vergessene Kleinigkeiten aus dem Haushalt, ferner Lebensmittel und Geld. Thomas ist sichtlich froh, jetzt bei der Mutter sein und bleiben zu dürfen.

Meine Frau und ich besprechen gemeinsam den Fluchtweg für Frau und Kinder in allen Einzelheiten. Er soll über Bayrisch-Eisenstein, Deggendorf, Straubing, Regensburg, Donauwörth, Richtung Heimat gehen. Als Endziel und späterer Treffpunkt wird Gmünd vereinbart. Unterwegs soll sich meine Frau irgendwo vom Amerikaner überrollen lassen. Davor habe ich am meisten Angst, aber der Amerikaner dringt von Westen nach Osten vor, und da gibt es keine andere Möglichkeit. Dies ist immer noch besser, als dem Russen in die Hände zu fallen. Ich gebe meiner Familie die Weisung, Tabor zu verlassen, sobald eine der Städte Brünn, Iglau oder Znaim in die Hände der Russen fällt. Ferner gebe ich noch Verhaltensmaßregeln für den Fall von Luftangriffen auf Tabor. Dies halte ich für besonders notwendig, weil die Unterkunft meiner Frau und Kinder in der Nähe des Bahnhofes liegt. Mit Kollege Hauger wird ebenfalls alles besprochen. Er ist unschlüssig und will zu viel mitnehmen. Sogar an die Rettung der Möbel denkt er noch, die wir längst aufgegeben haben.

Am Sonntagvormittag werde ich überraschend telefonisch nach Brünn zurückgerufen. Kurzer Abschied und schnelle Abfahrt sind notwendig. Dies kommt mir nicht ungelegen, weil ich die Trennung von der Familie rasch hinter mir haben will. Ich will immer möglichst klar und auch dem Unangenehmen offen ins Auge sehen.

Schon sitze ich im langsam anfahrenden Auto. Frau und Kinder kommen auf die Straße gelaufen und winken ein sehnsüchtiges Lebewohl. Wann sehe ich sie wieder? Sehe ich sie überhaupt noch einmal? Komme ich mit meinem Auto durch das Partisanengebiet zwischen Iglau und Brünn? Was werden die nächsten Tage und Wochen bringen? Mit diesen und ähnlichen Gedanken fahre ich durch das reizende Städtchen Tabor, das übrigens die einzige tschechische Stadtgründung in Böhmen und Mähren ist, und gewinne die offene Landstraße.

Die Landstraße ist an diesem Sonntag erschreckend leer. Unterwegs mache ich in Iglau bei Kollege Lindemann kurz Station. Er scheint völlig apathisch der Lage gegenüber.

Vierundzwanzig Stunden war ich von der Landeshauptstadt und jetzigen Festung abwesend. Brünn ist nicht wiederzuerkennen. Volkssturm besetzt in der Dämmerung die vorbereiteten Gräben, während ich die Iglauer Hauptstraße hinab zur Stadt fahre. Straßen und Gassen sind leer. Wenige Bewohner drängen sich vor den

Kellereingängen. Angstvoll wollen sie sehen, was los ist, ob die Russen schon da sind und wie sich die Lage entwickelt. Es ist Fliegeralarm seit frühmorgens. Wenige Feindflugzeuge kreuzen über die Stadt. Sie lösen sich gegenseitig ab. In kurzen Abständen fallen Bomben.

Ich fahre zum Amt. Es ist unbeschädigt. Die Wache steht. Als ich komme, wird gerade Entwarnung gegeben. Rasch eile ich nach Hause. Kaum bin ich da – inzwischen ist es Nacht geworden –, folgt wieder Alarm, und gleich fallen Bomben. Die ganze Nacht, immer wieder schießt es. Es scheint, dass Häuser einstürzen. Oft glaubt man, der ganze Keller wackelt.

Die Hausbewohner – nur noch Tschechen – sind mit mir im Keller. Das Dienstmädchen will nicht mehr bleiben. Sie will zu Fuß nach Hause aufs Land. Ich lasse sie ziehen. Sie kocht mir noch für zwei Tage, backt sogar einen Kuchen und wünscht mir, dass ich aus diesem Hexenkessel gut herauskomme.

Die tschechische Arbeiterschaft geht nun nicht mehr an ihre Arbeitsplätze. In Brünner Betrieben sind am Montag, den 16. April, etwa 10 % der Gefolgschaften.

Im Amt sind heute ein Viertel der Beamten und Angestellten. Auch viele Deutsche, vor allem die Frauen, fehlen. Sie dürften am Sonntag geflohen sein. Die Tschechen sind alle weg. Dies ist mir nicht unangenehm. Ich bin sogar froh, weil wir auf diese Art und Weise den Feind geschickt aus unserem Hause haben. Ich habe mir immer Gedanken darüber gemacht, wie ich im Falle eines Falles die tschechischen Beamten aus dem Hause bringe. Nun ist es ja ganz gut gegangen. Alle notwendigen Vorbereitungen können wir so unter uns Deutschen treffen.

Zwei oder drei der Tschechen verabschieden sich offiziell von mir, die anderen sind einfach weggeblieben. Ich möchte ihnen diese Haltung nicht unbedingt zur Last legen, weil sich die Kriegslage über Sonntag grundlegend ungünstig änderte und bei den Fliegerangriffen am Montagmorgen ein Dienstantritt kaum, d. h. nur unter unmittelbarer Lebensgefahr, möglich war. Am Samstag war noch alles im Amt, das mitten in der Stadt liegt und schon dadurch besonders gefährdet ist.

Artilleriebeschuss setzt ein. Ein ordentlicher Dienstbetrieb ist nicht mehr möglich. Jetzt naht die Stunde der Chauvinisten. Noch kämpfen die Tschechen nicht. Aber sie ballen ihre Fäuste auf der Straße ganz offen und nicht mehr nur in der Hosentasche. Keiner wird da lebend herauskommen, droht gegen Abend einer in Richtung des Amtes. Alle, gar alle werden aufgehängt. Es gibt nicht genug Bäume, meint ein anderer. Wir wollen die Deutschen endlich baumeln und die Zungen heraushängen sehen. Diese Hunde sollen in der Sonne verdorren!

Unser ferneres Schicksal schwebt uns bei diesen Erlebnissen und Vorgängen immer düsterer vor Augen. Schlagen sie uns tot? Bringen sie uns nach Sibirien zur Zwangsarbeit? Wenn es sein muss, dann nur ein rasches Ende, sagen wir einstimmig.

Zunächst verbarrikadieren wir uns im Amt. Ich verbiete, das Haus ohne meine besondere Genehmigung zu verlassen. Waffen haben wir, um uns in der Notwehr verteidigen zu können, wenn diese Untermenschen kommen.

Das Behördentelefon funktioniert noch. Wir sind also trotz der anhaltenden Fliegerangriffe von der Außenwelt nicht abgeschlossen. Das ist sehr angenehm. Unser Aufenthalt ist der Keller des Amtsgebäudes, den wir uns einigermaßen wohnlich eingerichtet haben.

In den Pausen der Beschießung sehen wir tschechischen Mob durch die Straßen ziehen. Die tschechische Polizei versieht noch ihren Dienst. Vereinzelt wird aber trotzdem geplündert.

Wir haben nicht viel zu essen, weil wir uns nicht richtig verproviantiert haben. Die Verhältnisse spitzen sich auch allzu rasch zu.

Ein Teil unserer Tätigkeit besteht in der Vernichtung wichtiger Unterlagen. In dem von außen und von Nachbarhäusern nicht einzusehenden Hof des Amtsgebäudes ist dies leicht möglich, ohne dass Unberufene etwas erfahren. Mit Hilfe von Benzin kann Busch die Akten in den Feuerpausen in Ruhe verbrennen, soweit dies notwendig erscheint.

Männliche deutsche Amtsangehörige gehen zum Volkssturm ab.

Es sind ausschließlich ältere, grauhaarige Männer, meist bodenständige Familienväter, die jetzt in der Stunde der Gefahr Frau und Kinder in der umkämpften Stadt und mitten unter den Tschechen ihrem eigenen Schicksal überlassen müssen. Ist es ein Abschied auf Nimmerwiedersehen? Jeder weiß es, jedoch keiner wagt es auszusprechen. Gar mancher drückt mir mit feuchtem Auge und bewegtem Herzen die Hand. Es ist nicht etwa Angst vor kommendem Einsatz. Die Grenzlanddeutschen sind kampfgewohnt. Es sind harte Männer unter ihnen. Der Schmerz dieser raschen Trennung aus jahrelanger, erfreulicher Zusammenarbeit, die bangende Ungewissheit vor der Zukunft und die Gewissheit, dass der Krieg und das Reich verloren, sind es, was die Kameraden mit wenigen Worten und mit ihrem kurzen Händedruck zum Ausdruck bringen wollen. Dem einen geht dieser Abschied im Donner der feindlichen Geschosse näher, der andere überwindet es leichter. Mir ist schmerzlich bewusst, dass ich für diese Menschen, die mir treue Mitarbeiter waren, nicht mehr sorgen und sie nicht geschlossen zurückführen darf. Denjenigen, die keinen Einberufungsbefehl haben, gebe ich den Rat, Richtung Iglau und weiter gen Westen zu wandern und den Bayrischen Wald zu erreichen zu versuchen, um sich in Sicherheit zu bringen.

In der Nacht vom 17. auf den 18. April ist der russische Beschuss besonders stark. Ich bin in meinem Dienstzimmer und habe noch einige Telefongespräche zu führen und Sonstiges zu erledigen. Anhaltend fallen Bomben und auch Artilleriegeschosse in die umkämpfte Stadt. Der Rest meiner Gefolgschaft ruft mich in den einigermaßen sicheren Keller. Busch und ich bleiben jedoch vorläufig oben, damit das Telefon besetzt bleibt. Das Schauspiel ist schauerlich schön, wenn es nur nicht so ernst wäre. Es leuchtet und rumpelt und blitzt in einem fort. Für Minuten ist in der stockdunklen Nacht der geräumige Hof des Amtsgebäudes taghell erleuchtet. Russische Flieger mit ihren eigenartigen Motorgeräuschen, die sogenannten Nähmaschinen, sind dauernd am Himmel. Wieder lösen sie sich, wie all die Tage vorher, gegenseitig ab, sodass dauernd Alarm zu hören ist und Feindbeschuss droht. Wehe, wenn der Motor bei diesen verfluchten Vögeln aussetzt! Dann fällt regelmäßig die Bombe. Wo mag sie hinfallen oder hintreffen? Der Atem stockt einem und setzt erst wieder nach der erfolgreichen Detonation ein. Von deutscher Abwehr ist leider nicht das Geringste zu spüren. Das ist deprimierend.

Wir hören, dass der Kreisleiter die Stadt verlassen hat und geflohen ist. Er soll zurückgeholt werden.

Unerwartet erhalte ich frühmorgens über den Landesvizepräsidenten mit der anderen Behördenleitung die Weisung, das Amt zu verlassen und eine Notverwaltung in Boskowitz einzurichten. Diese Kreisstadt liegt etwa 40 km nördlich von Brünn in meinem Amtsbereich. Eine Zweigstelle meines Amtes befindet sich dort. Man hört, dass Brünn nicht mehr Festung sein soll.

Meine vorgesetzte Dienststelle in Prag lässt nichts von sich hören. Hat sie uns schon aufgegeben und warum? Hat sie gar keine Weisungen mehr für uns und denken die Herren nur an die Regelung ihrer eigenen Verhältnisse? Sie sind doch noch über 250 km vom Schuss, ist unsere einhellige Meinung.

Ich kann nicht so fort aus dem noch unbeschädigten Amt gehen, das ich von Grund aufgebaut habe, wobei ich meinen Stolz daransetzte, schon in der räumlichen Gestaltung ein Musteramt der deutschen Sozialverwaltung mit zweckentsprechenden hellen und luftigen Räumen zu schaffen. Der Abschied fällt trotz der obwaltenden und zwingenden Umstände schwer. Werde ich je einmal, wenn auch nur zu Besuch, wiederkommen können? Eine beinahe sechsjährige Arbeit ist umsonst. Langsam gehe ich allein durch alle Räume. Jeder ist mir bekannt. Der Kanonendonner begleitet mich. Zerstören kann ich nichts. Es fällt mir zu schwer und wäre auch sinnlos.

Das Behördentelefon geht noch. Ich versuche Prag zu erreichen, was überraschenderweise gelingt, und melde meinem Vorgesetzten, Minister Bertsch, meinen ordnungsgemäßen Abgang. Er ist bestürzt, dass es in Brünn schon so weit ist, kennt anscheinend die Lage nicht genau und wünscht mir noch alles Gute. Es fällt mir auf, dass Minister Bertsch genau fragt, wer mir den Befehl gab, das Amt zu verlassen. Ich denke unwillkürlich für mich, dass selbst dieser Mann in erster Linie Angst vor dem Terror hat. Irgendwie helfen tut er mir leider nicht. Er gibt mir auch keinerlei sachliche Weisungen. Nach dem Gespräch zerschneide ich die Leitung.

Mit dem Dienstwagen können wir die Behörde nicht verlassen. Die Tschechenfahrer haben dies bereits vor ein paar Tagen möglich gemacht.

Wir müssen einen Angriff von Tschechen befürchten, wenn wir auf die Straße treten, weil wir zu bekannt sind. Am liebsten würden wir warten, bis es Nacht ist. Doch dies geht nicht, weil wir weisungsgemäß das Amt heute zu verlassen haben. Ganz vorsichtig benutzen wir nicht den Hauptaus- und -eingang, sondern den Nebenausgang zur Zeile. Als Letzte stehlen sich Busch, meine Sekretärin und ich an diesem 19. April aus dem Hause. Unsere Fahrräder, die wir vorsorglich schon seit Tagen für diesen Zweck bereitgestellt hatten, leisten nun gute Dienste.

Vier andere Gefolgschaftsmitglieder sind nach Boskowitz vorausgefahren. Die Notverwaltung soll nur aus einem kleinen Teil des Amtes bestehen, um unumgänglich notwendige Arbeiten durchzuführen.

Ganz kurz vor unserem Weggang aus Brünn erscheint in heller Aufregung die Mutter meiner Sekretärin. Sie bittet um Hilfe, weil die Parteidienststellen die Deutschen zu spät verständigt hätten, die Stadt zu verlassen; jetzt wüsste keiner wohin. Die Tochter, die schon seit ein paar Tagen das Amt nicht mehr verlassen hatte, will mit uns. Sie war der Auffassung, dass ihre Mutter längst in Sicherheit Richtung Westen oder auf dem Lande ist. Ich stelle ihr sofort frei, die Mutter zu begleiten. Sie geht jedoch nicht mit. Die Frau will nun zu Fuß zu bekannten Tschechen nach Ritzmanitz, ca. 3 Stunden Weges von Brünn. Die Tochter soll nachkommen. Mir ist nicht ganz wohl bei dieser Lösung, weil ich bezweifle, dass Mutter und Tochter jemals wieder zusammenfinden.

Die Tschechen lassen uns in Ruhe, als wir auf die Straße treten. Gerade sind wieder feindliche Flieger über der Stadt und da sind sie mit sich selbst beschäftigt. Der Mob wirft uns lediglich finstere Blicke zu.

Unser letzter Weg durch Brünn hat begonnen. Er führt noch in die Wohnung meiner Sekretärin, die viel zu viel Marschgepäck bringt. Tschechen stehen in großer Zahl vor ihren Häusern und erwarten den Einmarsch der Russen, die schon in den Vororten sind. Mob zieht durch die Straßen.

Sie lassen uns aber in Ruhe, obwohl sie uns leicht als Deutsche erkennen. Deutsche Soldaten, die in der Stadt mit schussbereiter Maschinenpistole patrouillieren, wollen uns die Räder abnehmen. Wir setzen uns aber durch und kommen mit unseren schweren Rucksäcken ungehindert aus der Stadt und weiter.

Keinem von uns dreien fällt dieser Abgang leicht.

Ich habe Brünn lieb gewonnen und habe gerne und viel dort gearbeitet. Dabei habe ich mich immer bemüht, einen vernünftigen Weg zum tschechischen Volksteil zu finden. Gar oft habe ich mit dem Bezirkshauptmann Brünn-Land, Freund Schmälzlein, zusammengesessen und über die großen Fehler unserer deutschen Verwaltung und einzelner, leider nicht weniger deutscher Beamten, gleich ob Staatsbeamter oder Parteibediensteter, ob Offizier oder Militärbeamter, gesprochen, die keinen Kontakt mit Tschechen suchten und fanden. Vor allem vielen Norddeutschen fehlte jede Möglichkeit des Zusammenfindens. Die einen und leider die meisten Deutschen sprachen überhaupt mit keinem Tschechen, sie sahen über sie hinweg, spielten die Herrenmenschen und drangen so nie in die eigenartige Psyche dieses slawischen Volkes ein. Deshalb konnten sie ihre Entscheidungen nur vom grünen Tisch aus treffen, aber niemals volksnah verwalten und gestalten. Das war auch nicht ihr Ziel. Sie sahen in dem Größerwerden des Reiches und in ihrem oft verblendetem Ehrgeiz nur ihre rasche Karriere, aber nicht die Pflicht, fremde Völker zu ihrer Zufriedenheit zu führen. Nicht einmal mit Volksdeutschen verkehrten viele dieser Kategorie, auch diese hielten sie für Subjekte zweiter Ordnung, weil sie vielleicht weniger stramm waren. Und dann gab es wieder andere, die biederten sich den Tschechen an, schoben und betrieben Schwarzhandel mit ihnen oder hatten in weiser Voraussicht tschechische Freunde, die ihnen helfen sollten, wenn es je einmal schiefginge mit diesem Kriege. Und noch eine andere

Kategorie gab es, das waren die Parteibonzen, für die es nur die Partei und sonst nichts gab, die alles durch die Parteibrille sahen und sachlich meist nichts verstanden, aber alles besser wissen, in alles hineinreden und kraft ihrer Parteistellung durchsetzen wollten. In diesem Zwiespalt gab es dann immer wieder Auseinandersetzungen zwischen Deutschen, zwischen Männern der Partei und Staatsbeamten, zwischen Partei und Staat. Dabei verpuffte wertvollste Arbeitskraft nutzlos. Nur der Feind, der Tscheche, zog daraus Nutzen. Es fehlte ganz und gar der volksnahe, sich seiner ungeheuren Verantwortung bewusste und mit dieser Lebensaufgabe innig behaftete deutsche Beamte, der trotz Umgang mit dem tschechischen Volksteil Abstand und Autorität wahrte und Deutscher blieb, der die tschechische Sprache beherrschte oder wenigstens willens war, sie zu erlernen, wenn er sie nicht kannte, und der durch die Sprache langsam in das Volk eindrang, um es dann verstehen und leiten zu können, und der ungehindert nur seiner vorgesetzten Dienststelle verantwortlich seine Arbeit verrichten durfte. Hier pfuschten, wie schon gesagt, immer meist sachlich wenig beschlagene Parteileute in jedes Werk!

Traurig ziehen wir nun die durch aufblühende Bäume umsäumte Reichsstraße Richtung Norden. Die geschilderten Gedanken wollen mir dabei nicht aus dem Kopf. Leider verstand es der Deutsche nicht, fremde Völker für sich zu gewinnen und zu führen!

DIE NOTVERWALTUNG

Rund 40 km mussten wir die Räder mit unseren schweren Rucksäcken drücken. Todmüde erreichten wir unsere Zweigstelle in Boskowitz. Während der stundenlangen Fahrt wurden wir durch nichts behelligt.

In Schloss Schebetau Boskowitz finden wir Unterkunft. Unser kleines Häuflein ist nun weit hinter der kämpfenden Front, die sich ganz auf die Belagerung Brünns konzentriert. Der Kanonendonner, an den wir inzwischen gewohnt sind, ist nur noch ab und zu als dumpfes Grollen zu hören. Wir haben das Gefühl, dass wir noch einmal in den Frieden zogen.

Busch holt am 20. April aus dem belagerten Brünn einen unserer durch tschechische Saboteure beschädigten Dienstwagen. Außerdem bringt er meine Maschinenpistole und sonstige Waffen, die auf den Fahrrädern nicht mitgenommen werden konnten. Die Durchführung dieser Aufgabe unter stetem Feindbeschuss ist eine Leistung und verdient Anerkennung.

Am Samstag, den 21. April, fahre ich nochmals selbst nach Brünn. Busch begleitet mich. Wir haben eine dienstliche Besprechung im Keller der Statthalterei. Es herrscht anhaltender Artilleriebeschuss. Die Fliegertätigkeit über der Stadt ist sehr rege.

Vor der Statthalterei treffen wir zufällig zwei deutsche weibliche Amtsangehörige, die sich wie Dirnen gebärden. Ich sage ihnen unverblümt meine Meinung. Was hat es für einen Wert?

Diese Mädchen erwarten offensichtlich den Russen. Eine Schande!

Das Amt ist noch unbeschädigt. Wehmütigen Herzens gehe ich noch einmal durch die schönen Räume. Ich habe das Gefühl, dass es das letzte Mal ist. Auch in meine Wohnung komme ich, um einige Lebensmittel und Kleider zu holen. Traurig schreite ich durch die gleichfalls unbeschädigten Zimmer, in denen meine Familie und ich manch schöne Stunden verleben durften. Buschs Wohnung ist bereits geplündert.

Starker Artilleriebeschuss drängt zum raschen Verlassen der Stadt. Unser tschechischer, weder freiwillig noch gezwungener Chauffeur will nie mehr in diese Hölle fahren, sagt er mutlos zu uns.

Wenig später hören wir, dass der Russe endgültig in Brünn ist. Er soll die tschechische männliche Bevölkerung gleich zum Militärdienst ausgehoben haben. Diese Nachricht freut uns; denn mit der Waffe in der Hand wollen die Tschechen nicht gerne kämpfen. Ihre Stärke ist das Wühlen im Hintergrund und das Arbeiten unter der Decke, aber nicht der offene Kampf, bei dem man das Leben riskiert. Nun müssen sie vielleicht doch ran!

Unser kleines „Restarbeitsamt" hat im Rahmen der Notverwaltung beim Stellungsbau mitzuwirken. Die Aufgabe ist schwer und gefährlich, weil die Wälder um Boskowitz und Schebetau voll von Partisanen stecken, die jederzeit bereit sind, loszuschlagen. Die kurzen Dienstreisen, die unumgänglich notwendig sind, machen wir deshalb nur stark bewaffnet. Warum erhalten deutsche Beamte keinen militärischen Schutz? Diese Frage stellen wir uns oft in diesen Tagen.

In Tischnowitz erleben wir bei einem Besuch in der Zweigstelle einen gefährlichen Tieffliegerangriff. Kurz, aber heftig! Wir zählen drei Anflüge. Jedes Mal geht es knapp an unserem Wagen vorbei, den wir verlassen haben. Im Schutze einer Kirchhofmauer lasse ich die Maschinengewehrgarben über mich hinweggehen.

Unsere dienstlichen Fahrten nach Wischau führen durch das erwähnte, mit Partisanen dicht besetzte Waldgebiet über das noch friedliche Prossnitz, wo Freund Schmälzlein jetzt amtiert. Der sonst so Lebensfrohe sieht schwarz in die Zukunft. Was soll aus uns in Mähren werde? Wir sind verlassen. Kein Telefon verbindet uns mit der Welt. Die Leitungsmasten sind längst von den Partisanen abgesägt. Alle Drähte sind durchgeschnitten. Es gibt keinen elektrischen Strom, keine Verbindung mit Prag, kein Radio. Um uns ist scheinbarer Friede, aber jeder Tscheche immer mehr Feind. Je freundlicher sie sind, desto gefährlicher ist es. Wenn da nur ein kleiner Funke zündet, denken wir zusammen. Es ist nicht auszumalen. Nur einen unscheinbaren Vorgeschmack von dem Kommenden gab der Brünner Mob.

Täglich fragen wir uns im Kameradenkreise, was in der Welt wohl los ist. Wo ist die Front? Geht sie vor- oder rückwärts? Was geschieht im Reich? Wo wird gekämpft? Wir wissen nichts, gar nichts.

In Lettowitz treffen wir Reste des abgekämpften und versprengten Brünner Volkssturmes. Die Männer sammeln sich und erzählen von gefallenen Bekannten, vom Kampf halb- und unausgebildeter Menschen. Ist dies nicht unverantwortlich? Wenn es so weit ist, muss man doch aufhören können, ist die Meinung nicht weniger. Aber sie trauen sich nicht, dies offen zu sagen, weil der Terror der SS zu groß ist.

Die Fahrt nach Prossnitz-Wischau, welche die letzte werden sollte, wird mir beinahe zum Verhängnis. Ich bin wieder einmal allein mit einem tschechischen Fahrer unterwegs. Der Wagen gehört dem Arzt in Schebetau. Wir haben ihn beschlagnahmt. Mitten im Partisanengebiet fährt der Trottel zwei meterhohe Straßensteine um und an eine Telegrafenstange. Der Wagen dreht sich und bleibt auf der Seite liegen. Ich habe leichte Prellungen, der Fahrer ein verstauchtes Rückgrat. Wie durch ein Wunder läuft der Motor noch. Tschechen kommen. Sie erkennen den Wagen ihres Arztes und helfen ihn bergen. Ein einzelnes deutsches Wehrmachtsfahrzeug, das auf diesem Nebenweg kommt, bringt die letzte Hilfe und zieht uns aus dem Graben. Wir können weiterfahren.

In Prossnitz weiß Schmälzlein nicht, ob mein Ziel, Wischau, schon von den Russen besetzt ist oder nicht.

Ich mache mich auf den Weg. Ein Tieffliegerangriff findet mich unter einem Baum im Straßengraben. Beängstigende Augenblicke folgen. Der Angriff geht in einiger Entfernung vorbei. Die Geschosse fallen in die benachbarten Wiesen und Felder. Ich warte eine Weile, ob die beiden Flieger kehrtmachen und die Landstraße noch einmal mit ihren Waffen bestreichen wollen. Nichts folgt. Ich fahre weiter. Am Eingang von Wischau geht deutsches Pack in Stellung. Artillerie schießt. Ich lasse an der letzten Panzersperre halten und dort gedeckt gegen Flieger den Wagen abstellen. Die Schlüssel nehme ich an mich, damit der tschechische Fahrer nicht ohne mich abhaut und mich stehen lässt. Ich gehe allein und unbewaffnet durch Wischau. Kurz vorher muss ein Luftangriff stattgefunden haben. Häuser brennen. Auf den Straßen liegen Ziegelsteine und Mauerreste und viele Glasscherben. Rauch zieht aus den Wohnungen. Die Zweigstelle meines Amtes ist verschlossen und verlassen. Der Bezirkshauptmann ist weg. Seine Behörde steht offen. Ein deutscher Polizeibeamter rüstet im Hof des Amtsgebäudes zur Abfahrt. Er weiß nichts von der Bezirksbehörde, sagt, dass er auf Umwegen aus Brünn kommt, und warnt, der Russe stehe nur einen Kilometer vor Wischau. Erschreckend wenige deutsche Soldaten sieht man. Einige gefangene Russen werden vorbeigebracht. Vor dem Rathaus erklärt mir höhnisch ein tschechischer Polizeibeamter, dass der deutsche Bürgermeister am Abend zuvor Wischau verlassen habe.

Ich kann in dieser Stadt nichts mehr ausrichten. Wischau ist offensichtlich Kampfgebiet, Front. Die Zivilverwaltung hat hier keinen Raum mehr. Ich fahre zurück. Freund Schmälzlein erzähle ich die trostlose Lage. Schweigsam hört er meine Worte. Wir drücken uns die Hand. Ist es zum letzten Male? Wir wissen es nicht.

In den Dörfern des Partisanengebietes, die ich durchfahren muss, ist die Bevölkerung auf der Straße. Wieder ernten wir finstere Blicke. An unübersichtlichen Punkten geben sie sich gegenseitig Zeichen darüber, was auf der Straße vorgeht. Uns lassen sie aber weiterfahren. Mein tschechischer Fahrer redet nichts. Ich halte die Maschinenpistole schussbereit in der Hand. Kennen die Brüder den Wagen ihres Arztes und lassen ihn passieren? Es wird wohl so sein.

Nach meiner Rückkehr verbiete ich weitere Dienstreisen ins Partisanengebiet. Wir sind ja schließlich keine Soldaten.

Schon lange haben wir nichts Richtiges zu essen. An sich sind wir in Selbstverpflegung. Eine weibliche Bedienstete, Fräulein Schwab, versorgt mit Geschick die Küche, die uns in Schloss Schwebetau zur Verfügung steht. Unsere wenigen Vorräte, die wir aus Brünn mittragen oder hier in der Zwischenzeit ergattern konnten, gehen allmählich zur Neige. Wir haben es daher auf ein Schwein abgesehen, deren es im Schlossgut mehrere gibt. Der tschechische Verwalter will jedoch nicht mitmachen. Anscheinend will er das Borstentier für seine tschechischen Volksgenossen oder für die Russen aufheben, die er, wie alle Tschechen, bald erwartet. Doch heute sind wir Deutschen noch stärker. Der Verwalter läuft zwar in den nahen Wald, als wir das Schwein mehr oder weniger feierlich abholen wollen, wir holen ihn jedoch zurück. Ein deutscher Soldat, der Metzger ist, hilft beim Schlachten. Unsere Not ist nun mit einem Schlag beendet. Busch zeigt ein meisterhaftes Geschick in der Herstellung vorzüglicher Würste.

Allmählich wird es auch in Schebetau ungemütlicher. Es wird bekannt, wer wir sind. Viele neugierige Gaffer sind immer wieder da und schauen stundenlang mit undurchdringlicher, vielsagender Miene durch das verschlossene Eisentor zum Schloss. Wir fühlen uns stark beobachtet und befürchten eine Aktion der Partisanen.

Endlich kommt deutsche Wehrmacht in das Schloss. Lange genug haben wir uns darum bemüht. Wenn es auch nur eine Kraftfahrzeug-Reparaturwerkstatt ist, so ist uns doch geholfen. Wir sind geschützt und bekommen obendrein unsere Wagen gerichtet. Die Offiziere der Truppe sind freundlich und in jeder Art und Weise entgegenkommend und hilfsbereit.

Der ruhige Schlosspark mit seinen Bäumen, Teichen und Wiesen ist ein unerhörter Gegensatz zu der friedlosen Zeit. Wir sind immer noch von allen Verbindungen abgeschnitten.

Auch die Soldaten samt ihren Offizieren wissen wenig. Wir erfahren, dass Adolf Hitler tot ist. Die Ungewissheit nagt jetzt umso mehr an uns. Die gespenstische, himmlische Stille im Park, die nur ab und zu ein frühes und frohes Vögelein zwitschern lässt, regt uns auf.

Trotzdem sind wir immer wieder im Park. Die Baumblüte ist am Entfalten. Ja, es ist Frühjahr. Der Wald lebt. Wir schießen in dieser göttlichen Natur, um mit unseren Waffen zu üben. Später machen wir Fahrschule, damit wir nicht mehr länger von diesen tschechischen Fahrern abhängig sind. Wir bedauern alle, dass wir nicht längst Auto fahren gelernt haben. Vielleicht ist dies auch ein Fehler unserer Verwaltung gewesen, die das Selbstfahren nicht gern gesehen und teilweise verboten hat. So sind wir praktisch unseren Feinden ausgeliefert.

Polzer soll heute in der nächsten Ortschaft eines unserer Autos abholen, das dort zur Reparatur ist. Ich nahm diesen Beamten auf seinen besonderen Wunsch in die Notverwaltung mit; er hatte ja so Angst vor dem Krieg. Nun steht er ganz aufgeregt am Eingang zum Schloss. Etwas ganz Wichtiges hat er angeblich.

„Was ist los?", frage ich lachend.

Er sei von Partisanen gefangen genommen gewesen, sagt er, am ganzen Leib zitternd.

Im Keller des tschechischen Bürgermeisters hatten sie ihn eingesperrt. Er sollte erschossen werden. Bei seiner Vernehmung soll mein Name und der Buschs gefallen sein.

Polzer gibt noch an, dass er zum Erschießen über eine Stunde durch dichten Wald verschleppt worden sei. Die Partisanen hätten ihn aber dann entlassen, weil er sich so mannhaft benommen habe und so ein Held sei.

Die ganze Geschichte kommt mir komisch und zunächst nicht ernst vor, weil Polzer bei seinem Bericht eine nicht gerade Mut einflößende Figur abgibt. Das kann doch nur unserem Polzer passieren, diesem Unglücksraben, ist unsere allgemeine Meinung zu diesem Fall.

Die Partisanen haben mit unserem Kameraden Polzer zwei deutsche Soldaten und den tschechischen Chauffeur gefangen, die mit ihm unterwegs waren. Dieselben sind auch zurückgekommen und berichten, dass die ganze Ortschaft den Tag über im Besitze der Partisanen gewesen sei. Weitere deutsche Soldaten, darunter auch Offiziere, sollen im Ortsgefängnis gesessen haben. Einzelne seien erschossen worden. Der Tscheche berichtet bei seiner Vernehmung durch uns, dass Polzer bei den Partisanen um Gnade gewinselt und uns preisgegeben hat.

Was sollen wir glauben? – Auf jeden Fall wissen wir nun ganz bestimmt, dass die Partisanen wissen, wer wir sind, wie viele wir sind und dass wir da sind. Das ist für unsere Lage außerordentlich gefährlich.

Wir sind noch vorsichtiger geworden.

Polzer will nicht mehr bei uns bleiben, weil er meint, die Partisanen haben es auf ihn abgesehen. Er hat Angst um sein

Leben. Auf seinen Wunsch entlasse ich ihn nach Prag mit der schriftlichen Weisung, sich beim Ministerium zu melden.

Die Ruhe um uns wird immer unheimlicher. Wir sprechen wenig miteinander darüber. Ich sehe es aber den Gesichtern meiner Mitarbeiter an. Einer erklärt mir eines Morgens, er sei froh über den Krach, der während der Nacht in den Schlosspark gefallenen Fliegerbomben gewesen. Jetzt wisse er wieder, dass noch Krieg ist.

Unser Tun scheint allmählich sinnlos zu werden. Was sollen wir hier überhaupt noch? Unsere vorgesetzte Dienststelle in Prag hat uns in diesen schweren Tagen offensichtlich vergessen. Wir hören nur ganz wenig und erhalten keinerlei Weisungen mehr.

Eines Tages gibt es auf einmal wieder Arbeit.

Am 4. Mai werde ich unerwartet zu einer eiligen und dringenden Besprechung zum Bezirkshauptmann nach Boskowitz gerufen. Der Kreisleiter und sein Stellvertreter sind in ihrer Eigenschaft als Beauftragte für den Stellungsbau anwesend. Ein Befehl des zuständigen Abschnittskommandeurs wird bekannt gegeben, der besagt, dass auf Anordnung von General Schörner, des Verteidigers der Ostfront, sofort eine Stellungslinie Proßnitz-Boskowitz-Iglau gebaut werden soll, um dort den Russen zu halten. Wir haben sofort alle Vorbereitungen für den Arbeitseinsatz zu treffen.

Am Samstag, den 5. Mai, entschließe ich mich ganz schnell, gegen Mittag nach Prag zu fahren. Meiner Meinung nach ist es unmöglich, die Stellung zu bauen, weil wir keine Arbeitskräfte bekommen werden. Praktisch sind doch alle Tschechen Partisanen. Was will unser kleines Häuflein unter dieser Menge? Wir können doch nicht mit den Partisanen zusammen deutsche Stellungen bauen und dabei erwarten, dass diese uns feindlich gesinnten Menschen unseren Dienstpflichtbescheiden Folge leisten. Diese tatsächlichen Verhältnisse scheinen unbekannt zu sein. Ich will in Prag berichten und gleichzeitig bei der vorgesetzten Behörde die neue Lage erkunden und Weisungen holen. Überdies benötigen wir im Hinblick auf die neue Aufgabe Geld. Es ist auch notwendig, dass die Ruhe um uns endlich einmal gebrochen wird. Meine Absicht ist, über Deutsch Brod nach Tabor zu fahren, dort nach meiner Familie zu sehen, sie weiter nach Westen zu schicken, sodann nach Prag zu reisen, um am Montag, den 7. Mai, abends wieder in Schebetau zu sein.

Die Fahrt geht zunächst völlig ereignislos bis Zwittau. Die Straßen sind leer. In den Dörfern herrscht Ruhe. Ich sitze am Steuer und übe mich im Fahren. Neben mir sitzt mein tschechischer Chauffeur.

Hinter Zwittau überholen wir Kolonnen westwärts fahrender Ungarn. Sie haben lauter Pferdegespanne. Die Pferde machen einen müden Eindruck. Was soll das? Ich ahne Unheil. Bringen die sich in Sicherheit vor dem anrückenden Russen?

Die Straße wird wieder leer. Es regnet. Wir fahren ohne weitere Gedanken die Hauptstraße gegen Deutsch Brod.

In Zdiretz hält uns ein deutscher Posten an.

„Woher kommen Sie? Was haben Sie bei der Bevölkerung in den durchfahrenen Ortschaften beobachtet?", fragt er.

„Nichts Besonderes", ist meine Antwort.

Vor uns sind bewaffnete Partisanen, die alle Fahrzeuge aufhalten. „Sie können nur im Geleit weiterfahren", sagt er daraufhin kurz angebunden und mit bestimmter Miene.

Erst nach einer Stunde ist ein Geleitzug beisammen.

Es regnet in Strömen. Die lange Wagenkolonne besteht in der Hauptsache aus deutschen Wehrmachtsfahrzeugen, die gut bewaffnet sind.

Wir fahren vorsichtig und mit gemischten Gefühlen los. Es geht langsam.

Noch keinen Kilometer sind wir unterwegs, da stehen wir von halb rechts aus Gewehren und Maschinenpistolen unter Beschuss.

Die Fahrzeuge stoppen sofort. Wir hören einen Befehl: „Herunter von den Wagen!"

Mein Fahrer und ich liegen im linken Straßengraben, der halb mit Wasser gefüllt ist. Frauen mit Kindern, die auf der Flucht sind, schluchzen laut. Das Wasser läuft in die Schuhe. Kugeln pfeifen über unseren Köpfen. Ein Maschinengewehr setzt mit kurzen Feuerstößen ein.

Schöne Aussichten. Vorsichtig hebe ich meinen Kopf über den Rand des Straßengrabens und schieße mit einer Maschinenpistole in die Richtung, aus der wir immer noch beschossen werden.

Der Kugelwechsel dauert schon über eine halbe Stunde. Jetzt entstehen größere Pausen.

Es schießt wieder. Erneute Ruhe. Wir springen jetzt zum Wagen. Der Fahrer dreht auf der offenen Landstraße. Einzelne Schüsse fallen. Wir fahren zurück nach Zdiretz und um unser Leben. Es gelingt!

Den Besuch in Tabor muss ich nunmehr leider fallen lassen. Der direkte Weg ist versperrt. Die Partisanen haben die Bäume am Rande der Straße gefällt und über dieselbe gelegt. Ich trachte nun auf einer anderen Straße auf dem nächsten Weg nach Prag zu kommen, dort meine dienstlichen Aufgaben zu erledigen, und will, wenn möglich, auf dem Rückwege über Tabor fahren, um nach meiner Familie zu sehen.

Es geht sofort weiter.

Wir sind keine 20 Kilometer gefahren, da kommen wir durch eine auffallend stark beflaggte größere Ortschaft. Nur tschechische Fahnen sind zu sehen, obwohl nach den geltenden Bestimmungen tschechische Fahnen nur zusammen mit der Hakenkreuzflagge gehisst werden dürfen. Auf meine erstaunte Frage, was los ist, erklärt ein des Weges kommender Tscheche: „Deutschland kaputt, tschechische Revolution, es lebe die Tschechoslowakische Republik!"

„Unmöglich", denke ich. Mein tschechischer Fahrer bleibt stumm bei diesen Worten. Sein Gesicht ist steinern und ausdruckslos.

Wir fahren weiter und kommen ohne Ergebnis in das ebenfalls reich mit nur tschechischen Fahnen beflaggte Kolin. Hier sind die Straßen voller Menschen. Zunächst will ich Methangas tanken lassen, um Benzin zu sparen. Der tschechische Tankstellenbesitzer fertigt mich jedoch mit einer Höflichkeit ab, wie dies nur Tschechen fertigbringen. Er gibt mir nichts und bestellt mich für spätabends. Ich traue ihm nicht und gehe nicht mehr hin.

Im Arbeitsamt sind die deutschen Beamten abgesetzt und die deutschen Aufschriften entfernt. Den Amtsleiter finde ich nicht. Verbindung mit Prag ist nicht mehr zu erhalten. Auch der Bezirkshauptmann weiß nicht Bescheid. Er scheint mir hilflos. Tschechen promenieren lebhaft diskutierend mit freudiger Miene und in großer Zahl auf den Straßen. Ihre Stimmung scheint mir wie nach einem großen Fußballsieg oder wie bei einem fröhlichen Schützenfest. Kein Deutscher kennt die Lage.

Endlich finde ich den Amtsleiterstellvertreter in seiner Privatwohnung, der gerade seine Abreise vorbereitet. Er hat mittags noch mit Prag telefoniert und angeblich die Mitteilung erhalten, die Tschechen hätten losgeschlagen, er solle auf eigene Verantwortung handeln.

Also doch!

Der Amtsleiter ist immer noch nicht oder nicht mehr zu erreichen.

Nach Prag ist nicht zu kommen.

Der Krieg ist offensichtlich verloren und am Ende.

Jetzt schlagen die Tschechen los, wo sie ihrer Sache hundertprozentig sicher sein können und den Ablauf der Dinge nicht mehr zu ändern vermögen. Nun werden sie zu Helden, diese Feiglinge. Kommt damit auch mein Ende und das meiner Kameraden?

Ruhige Überlegung mit dem Ziel: raus aus diesem Land und Chaos. Nur das nackte Leben retten und Frau und Kinder lebendig in die Heimat bringen, das ist mein Streben. Es muss gelingen!

Die Nacht verbringe ich in der Wohnung des Amtsleiterstellvertreters in Kolin. Der ältere Mann ist ziemlich ratlos. Ich kann ihm leider nicht viel helfen. Zwei Möglichkeiten stehen mir offen: die eine, die sofortige Flucht nach Westen möglichst zu meiner Familie und mit ihr ins Reich. Dabei muss ich aber meine Mitarbeiter und Kameraden in Schebetau im Stich lassen. Die andere Möglichkeit ist die Rückkehr nach Mähren, also nach Osten, Verständigung meiner Kameraden und mit ihnen Flucht ins Reich. Bei der Wahl dieser Möglichkeit wird der Beginn der eigentlichen Flucht mindestens um 2 Tage hinausgeschoben. Außerdem ist der Fluchtweg länger.

Ich wähle den zweiten Weg. Die Kameradenpflicht gebietet dies. Am Sonntag, den 6. Mai, fahre ich aus Kolin wieder ostwärts. Tschechen haben in der Nacht meinen Wagen leicht demoliert. Er kann aber noch fahren. Ich staune, dass der tschechische Fahrer angesichts der Lage überhaupt noch erscheint.

Während der ganzen Nacht hörte man aus Nordwesten starken Kanonendonner.

Wurde Prag beschossen?

Aus dieser Richtung kommt das Dröhnen der Geschütze.

Diese herrliche Stadt, die schönste Stadt, die ich mir denken kann, mit ihren einmaligen Bauwerken Peter Parlers. Dieselben waren mir immer ein Stück Heimat, weil ihr Baumeister aus Gmünd stammt und seine Bauart mir von Jugend an bekannt und vertraut ist.

Ich will über Pardubitz, Hohnenmauth und Zwittau nach Lettwoeitz und Schebetau. Es sind über 150 Kilometer, ein weiter Weg in diesem unruhigen, jetzt von der tschechischen Erhebung gepeitschten Lande.

Der starke Regen behindert.

Vor Pardubitz begegnet uns eine sehr starke Kampfgruppe schussbereiter deutscher Panzer.

„Richtung Prag", sagt einer der Grenadiere, die gerade da halten, wo wir eine kleine Panne haben.

Also doch Prag!

Was ist dort los?

Stillschweigen, Achselzucken, keine Antwort.

Hinter Pardubitz mit seinen leeren Straßen ist deutsche Kontrolle. Später noch einmal. Kein Mensch weiß Bescheid. Keiner weiß über die neuesten Ereignisse Bescheid. Jeder vermutet aber, dass etwas Besonderes los ist. Die Landstraße ist erschreckend leer. Niemand ist zu sehen, kein Fahrzeug kreuzt unseren Weg.

Bis zu einer gedeckten Kurve geht es gut vorwärts. Kurz hinter derselben erkennen wir zu unserem Schreck, dass die Straße abgesperrt ist. Ich sehe zahlreiche schwer bewaffnete Kerle. Ohne Zweifel sind es Partisanen. Mein tschechischer Fahrer weigert sich rückwärts zu fahren. Es wäre auch Wahnsinn und der sichere Tod.

Mein Wagen wird gestoppt. Sie legen ein Maschinengewehr auf den Kühler. Die Schussrichtung zeigt auf mich, ins Wageninnere. Jeder der Kerle sieht verwegener aus als der andere. Nicht nur eine, mehrere Pistolen haben sie im Gürtel. Über die eine Achsel tragen sie deutsche Sturmgewehre umgehängt, über die andere Gurte mit MG-Munition. Sie fuchteln mit ihren Armen und Waffen in der Luft und gestikulieren laut.

Einer springt herzu und reißt mit starkem Ruck die Wagentür auf.

„Bist du Deutscher?", herrscht er mich an.

Mein Fahrer sagt es ihm, bevor ich antworte.

Ich muss aussteigen. Pass, Wehrpass, Dienstausweis, Waffe, Feldstecher, Aktentasche, Gelder werden mir sofort abgenommen. Der Wagen wird eingehend untersucht. Auch der Kofferraum wird dabei geöffnet. Bei alldem steht immer einer mit seiner auf mich gerichteten, schussbereiten Maschinenpistole hinter mir. Jede Sekunde muss mit einem Genickschuss rechnen.

Ich werde gezwungen mit den Partisanen weiterzufahren. Hinter mich setzen sich drei dieser Kreaturen, jeder mit auf mein Genick gerichteter schussbereiter Maschinenpistole.

Ich selbst sitze neben meinem tschechischen Fahrer, von dem sie nichts weiter wollen. Neben mir nimmt ein weiterer Partisane, ein Russe, ebenfalls mit schussbereiter Waffe Platz. Je einer sitzt in derselben kriegerischen Aufmachung auf jedem Kotflügel des Autos.

Auf einem Feldweg geht es vorwärts. Wir fahren langsam, beinahe Schritttempo.

Nach wenigen Kilometern wird gehalten. Vorne sehe ich Menschen. Die Partisanen im Wagen geben mit den Armen Zeichen. Aufmerksam schaut einer durch den mir geraubten Feldstecher, dessen Bedienung ich ihm zeigen muss.

Freund oder Feind?

Ich denke nur an Befreiung oder Flucht.

Der Wagen muss wieder langsam im ersten Gang anfahren.

Sie geben sich immer noch Zeichen.

Jetzt werden dieselben beantwortet. Schade! Das andere sind auch Partisanen.

Wir sind bei den anderen. Eine zuerst vorsichtige, dann aber immer lauter werdende Begrüßung folgt. Sie deuten auch auf mich und freuen sich offensichtlich über ihre Heldentat. Im Übrigen verstehe ich nichts von ihrem Gerede.

Eine Ortschaft nimmt uns auf. Die Ortstafel lautet auf den Namen: Holic. Ein größerer Marktflecken, von dem ich noch nie etwas hörte. Ich erschrecke einigermaßen, als ich sehe, dass der ganze Ort von Partisanen besetzt und augenscheinlich fest in ihrer Hand ist.

Der Wagen hält auf dem geräumigen, dicht bevölkerten Marktplatz vor dem Rathaus. Die Partisanen, Russen und Tschechen, steigen aus. Es ist wie auf einem Jahrmarkt. Lauter Trubel. Man lässt mich stehen. In dem allgemeinen Wirrwarr versuche ich langsam wegzulaufen und zu tun, als ob ich auch dazugehörte. Mein heller, ballonseidener Mantel und mein Tirolerhut sind jedoch zu auffällig. Tschechen packen mich am Arm und führen mich unter unwirschem Geschimpfe ab und ins Rathaus. Jede Gegenwehr wäre jetzt sinnlos und würde den sofortigen Tod zur Folge haben.

Ein tschechischer Gendarm in Uniform vernimmt mich.

Woher? Wohin? Zweck der Fahrt?

Ich sehe, dass er meinen Pass und Dienstausweis nicht hat, und muss vermuten, dass er in dem herrschenden Wirrwarr auch nichts von meiner Persönlichkeit erfahren hat. Deshalb gehe ich aufs Ganze und lüge frech und sage ganz harmlos, dass ich auf der Rückfahrt von einer Geschäftsreise und auf dem Wege nach Deutschland sei.

„Wissen Sie nicht, dass es für Deutsche verboten ist, in der neu errichteten Tschechoslowakei zu reisen?", fragt der Gendarm.

Ich zucke mit den Achseln.

„Sie werden als Spion behandelt und haben mit Ihrer Erschießung zu rechnen."

Das ist die kurze Antwort.

„Deutsche haben hier nichts mehr zu suchen."

Zwei schwer bewaffnete Partisanen führen mich aus dem Rathause. Meinen Wagen und Fahrer sehe ich nicht mehr. Sie nehmen mich in die Mitte. Wie ein Schwerverbrecher werde ich abgeführt. Ich verbitte mir, dass sie mich auch noch an den Armen halten und führen. Eine Flucht ist unmöglich und völlig aussichtslos. Nach einer Weile frage ich den einen: „Was geschieht mit mir?" In gebrochenem Deutsch erklärt er mit einer entsprechenden Fingerbewegung: „Nachmittags erschießen." Es scheint ein Russe zu sein. Der andere, ein Tscheche, sagt später: „Vorläufig nicht erschießen, warten bis übermorgen die Russen kommen, dann Kriegsgericht für alle Deutschen."

Ich werde in ein größeres Gebäude gebracht. Es ist das Ortsgefängnis. Zelle reiht sich an Zelle. Man schleppt mich in den ersten Stock. Zwei grobe, ungeschlachte Russen und mehrere Tschechen durchsuchen meine Taschen. Uhr, Füllfeder, Zigaretten, Messer, tschechisches Geld werden abgenommen. Vier Zigaretten erhalte ich zurück, auf meine Bitte auch 100 Kronen tschechisches Geld. Einer der Russen zieht sich zuletzt meinen neuen Mantel an.

Sie führen mich in eine Zelle im zweiten Stock. Die Tür geht auf. Ich komme zu 12 Leidensgenossen. In der kleinen Zelle ist kaum noch Platz, um auf dem Boden zu sitzen. Selbst der Abortdeckel ist schon besetzt. Wie wird dies heute Nacht? Meine Gedanken erstarren. Auch dunkle Gestalten scheinen in der Zelle zu sein. Desertierte deutsche Soldaten? Spitzel? Einer warnt mich gleich vor einem anderen.

Auf dem Gang wird es laut. Unser Gespräch verstummt unwillkürlich, damit wir besser hören, was draußen vor sich geht. Russen kommen und bringen noch einen.

„Alle sind Kameraden", meint ein Partisane, „Russen, Tschechen, Deutsche, Polen, und alle wollen leben. Die Deutschen haben aber viele umgebracht, auch meinen Bruder in Polen. Dafür müssen sie jetzt leiden und büßen."

Die Tür der Zelle schlägt mit lautem Krach zu. Schlüssel klirren. Das Schloss wird versperrt. Wir sind wieder allein.

Durch das Guckloch in der Zellentür zählt uns der Gefängniswärter. Will er etwa Essen bringen? Es ist ja gerade Mittag. Oder stellt er nur fest, wie viele erschossen werden müssen?

Die Insassen der Zelle unterhalten sich stockend und abtastend über ihre Gefangennahme und wer sie sind. Ich übe eiserne Zurückhaltung. Auf dem Boden finde ich trockenes Brot. Vor lauter Hunger esse ich es.

Im Erdgeschoss fallen zwei Gewehrschüsse, die in dem Hause laut widerhallen. Man hört angeblich Rufe, Geschrei, dann Jammern. Wurde jemand hingerichtet oder auf der Flucht erschossen?

Ein Flugzeugmotor lässt uns aufhorchen. Durch das kleine, vergitterte Fenster nahe der hohen Decke der Zelle können wir nichts sehen. Einer von uns versucht mittels Klimmzug hochzukommen und hinauszuschauen. Es ist vergebens. Da, auf einmal! Zwei sehr langsam fliegende deutsche Flieger. Wir halten den Atem an. Es sind Fieseler Störche. Was wollen die? Hoffnung? Umsonst sind sie bestimmt nicht da. Sie werden wohl aufklären. Es wird wieder ruhig. Unsere stockende Unterhaltung geht weiter. Wir haben keinerlei Zeitgefühl.

Erneutes Motorengetöse kommt auf. Wieder ein Storch!

Eine Bombe krepiert mit scharfem Knall. Wir erschrecken und doch freuen wir uns. Etwas muss sich ja tun. Es wird geschossen. Gefechtslärm kommt auf. Mehrere Bomben fallen hintereinander. Scheiben klirren. Kürze Feuerstöße aus Maschinenpistolen sind zu hören. Weitere Bomben lassen unser Gefängnis bedenklich erzittern.

Es sind bange Minuten. Der Lärm ebbt ab. Was geht da draußen vor sich? Was geschieht mit uns? Die Partisanen kämpfen zweifellos um ihr Leben. Sterben wir dabei unter deutschen Bomben? Erschießen uns die Partisanen durch das Guckloch der Zellentür, bevor sie hier herausgeworfen werden? Diese Fragen stellen wir uns und drängen uns in den gefühlsmäßig toten Schusswinkel der Zelle.

Wiederum fallen Bomben. Wir zucken zusammen. Stärkerer Gefechtslärm wird hörbar und immer lauter. Die Kämpfenden nähern sich offenbar dem Gefängnis. Einer von uns steht auf dem Rücken eines anderen und sieht durchs Fenster, wie Partisanen schießen und anscheinend das Gefängnis verteidigen. Im Hause selbst ist es ruhig wie in einer Kirche. Eine Maus könnte man trotz des Lärms draußen laufen hören. Die meisten der Zelleninsassen kauern auf dem Boden. Das Gebäude erzittert noch stärker als vorher. Wird es einstürzen und uns begraben? Ein fürchterlicher Gedanke!

Man hat allerhand Aussichten hier, denke ich leichtfertig. Das Schießen kommt unterdessen noch näher. Jetzt wird im Gebäude geschossen. Es hallt laut. Man hört Geschrei.

Eine Stimme zeichnet sich ab: „Wo sind Deutsche?"

Wir alle rufen wie aus einem Munde: „Hier!"

Schon kracht die Zellentür auf. Vor uns steht ein schweißtriefender deutscher Soldat der Luftwaffe mit einer Maschinenpistole. Wir drücken ihm die Hand. Wir sind befreit.

Im Städtchen ist es wieder ruhig. Nur vereinzelte Schüsse fallen noch. Aus dem Gefängnis kommen viele deutsche Gefangene, Zivilisten und Soldaten, Offiziere und Mannschaften, vielleicht 200 Mann mögen es sein, die nunmehr befreit sind. Freudigen Herzens gehen alle leichten Schrittes zum Markt.

Die Ortsbewohner müssen die von ihnen geschlossenen Panzersperren wieder aufmachen. Ringsum sehen wir die Spuren harter Kämpfe. Viele Häuser sind zerstört. Tote Tschechen liegen in den Straßen. Verwundete jammern. Ich strebe ins Rathaus, um meine Papiere zu suchen. Dort können sich alle Befreiten mit zurückeroberten Waffen einigermaßen wieder ausrüsten. Sogar deutsche Sturmgewehre, die bei Freund und Feind gleich gesucht sind, gibt es mit dazugehöriger Munition in Menge. Vor dem Zimmer, in welchem ich vernommen wurde, liegt ausgestreckt und starr ein toter Partisan, der meinen Mantel anhat. Ich finde keines meiner Papiere in dem sich darbietenden Durcheinander.

Hilflos stehe ich nun da. Kein Auto, kein Geld, keinen Kameraden!

Was tun? „Gehe ich allein und zu Fuß, so schnappen sie mich bestimmt wieder", denke ich.

Ich suche Anschluss an deutsche Soldaten und verlasse den Ort langsam gegen Osten, also Richtung Hohenmauth. Auf diesem Wege werden auch die gefangenen Partisanen und die gefangenen tschechischen Ortsbewohner abgeführt, soweit sie gekämpft haben. Am Ortsausgang werden alle untersucht. Die Wertsachen, die sie uns klauten, werden ihnen wieder abgenommen. Die früheren deutschen Gefangenen dürfen ihre Sachen aussuchen. Ich finde leider nichts. Ein Partisan hat 24 Armbanduhren in seinen Knickerbockerhosen. Er wird deshalb von deutschen Soldaten gezüchtigt. Da stehen sie nun in langen Reihen, die Arme und Hände hinter dem Kopf, beteuern ihre Unschuld und flehen um Gnade, diese Hunde.

Der Kommandeur der Truppe, die Holic befreite, ordnet Fahrt im Geleit nach Hohenmauth an. Ein Wehrmachts-PKW, dessen Insassen auch im Ortsgefängnis gefangen waren und dessen Fahrer bei der Gefangennahme erschossen wurde, nimmt mich auf meine Bitte auf. Wir wählen den Platz hinter einer Vierlingsflak.

Es geht wieder einmal weiter. Unser Platz im Geleitzug ist gut gewählt. Schon im nächsten Wald bekommen wir Feuer aus einer Panzersperre. Wenige Feuerstöße der Vierlingsflak verschaffen uns gebührende Ruhe.

Wir passieren die Panzersperre. Der regenfrische, grünende Laubwald ist voll Pulverdampf. Es ist wieder ganz friedlich. In Hohenmauth, dessen abendliche Straßen leer sind, spricht der Kommandeur seiner Truppe, die nur einen Schwerverletzten hat, seine Anerkennung für den vorbildlichen Einsatz aus. Die Insassen unseres PKWs finden in der Krankenstube einer Kaserne notdürftige Unterkunft. Ich darf mit ihnen gehen, obwohl ich Zivilist bin.

Kämpfe in Prag, berichtet das Radio frühmorgens am anderen Tage, sonst nichts Neues, aus dem man klug werden könnte. Wir haben den Eindruck, dass der Sender einmal in der Hand der Deutschen und dann wieder in der Hand der Tschechen ist, so widersprechend sind die Durchsagen.

Ich darf mit dem Wehrmachts-PKW Richtung Osten weiterfahren. Es ist das einzige Fahrzeug, das diese Richtung wählt. Ich habe Glück! Zunächst gehen wir auf die Kommandantur und fragen, ob die Straße befahrbar ist. Wir hören, dass Holic während der Nacht schon wieder von den Partisanen besetzt wurde und jetzt erneut freigekämpft werden muss, weil der Ort an einer der wichtigsten Durchgangsstraßen liegt. Unser Fahrzeug darf Richtung Zwittau weiterfahren. Nach Osten ist der Weg frei, nur nicht nach Westen.

Die Landstraße ist zunächst nahezu leer. Wir fahren zufrieden und ziemlich schnell in den Morgen dieses 7. Mai hinein. Jeder von uns will an sein Ziel. Vor Zwittau treffen wir auf die Spitze einer deutschen Division. Sie geht mit kriegsmäßiger Sicherung und westwärts. Wir fahren in Hast und Eile ostwärts an ihr vorbei.

Ist das nicht Utopie? Wo ist in diesem Land Freund, wo ist der Feind? Beide sind überall, hinten und vorne, rechts und links, denken wir laut, als wir stundenlang langsam und mit oftmaligem Halten an westwärts ziehenden deutschen Kolonnen vorbeifahren.

Fahrzeug reiht sich hinter Fahrzeug. Alle sind voll beladen mit Menschen. Zwischen den Autos der Wehrmacht sind Wagen mit Zivilisten. Ich habe so etwas noch nie gesehen.

Die Kreisstadt Mährisch Trübau ist voll von Truppen, Fahrzeugen und aufgeregten Menschen. Hier lasse ich mich absetzen. Ich gehe zum Arbeitsamt und bitte, mir einen Wagen für die Fahrt nach dem 18 km entfernten Gewitsch zu geben, wo eine Zweigstelle meines Amtes ist. Von dort habe ich noch 8 km nach Schebetau und zu meinen Leuten.

Stunde um Stunde werde ich hingehalten. Gerüchte über eine deutsche Kapitulation und die Räumung von Mährisch Trübau gehen um. Gegen den Osten soll weitergekämpft werden. Beginnendes Chaos. Ich versuche mit dem Zug weiterzukommen. Er steht abfahrtbereit auf den Geleisen, ist voll besetzt, fährt aber nicht weg.

Es ist schmählich von dem Amtsleiter und den Kollegen, mich so zu verlassen. Nun, es gibt solche und solche Menschen, von dem Kollegen Häiderich habe ich nie viel gehalten.

Ich gehe zu Fuß.

Unterwegs nimmt mich ein Wehrmachtsfahrzeug auf und ich komme verhältnismäßig rasch die wenigen Kilometer nach

Gewitsch. Hier ist noch Friede. Auf dem Marktplatz halten einsatzbereite deutsche Panzer, die von Ortsbewohnern neugierig besichtigt werden.

Um 19 Uhr am 7. Mai bin ich bei meinen Kameraden in Schebetau von meiner zweieinhalbtägigen, erlebnisreichen Dienstreise zurück. Im Schloss ist Ruhe wie immer, ein lauer Maiabend. Kein Schuss war über die Tage meiner Abwesenheit zu hören. Meinem Bericht über die Lage, über meine Erlebnisse und den Hexenkessel Böhmen wird kaum Glauben geschenkt. Der Kommandeur der Truppe, die immer noch bei uns im Schloss liegt und eifrig Fahrzeuge repariert, meint allerdings, dass er mit meinem Wiedereintreffen nicht gerechnet habe. Er weiß offensichtlich mehr Bescheid über den Ablauf der Dinge, sagt uns aber wenig. Schließlich ist er auch kriegserfahrener als wir. Sie heißen mich jetzt den Partisanen-Regierungsrat. Sofort nach meiner Ankunft ordne ich die Flucht Richtung Westen für den morgigen 8. Mai an. Für uns Zivilisten gibt es angesichts der Auflösungserscheinungen keinen Eintritt in die Wehrmacht mehr und nichts zu kämpfen.

WIR EILEN WESTWÄRTS

Der 8. Mai 1945 ist mein vierzigster Geburtstag. Ich betrachte dies als gutes Omen für unseren ungewissen Weg.

Des Nachts richten wir unser Marschgepäck. Gegen 12 Uhr feiern wir mit den Offizieren unserer Truppe bei einem letzten Glase Wein kurz den anbrechenden Geburtstag. Gleichzeitig ist dies der endgültige Abschied vom Amt, der mir sehr schwerfällt. Ich bin glücklich, dass ich die mir ans Herz gewachsene Behörde, die ich aufbauen und 5 1/2 Jahre verwalten durfte, keinem Nachfolger übergeben muss.

Wir sind noch acht Amtsangehörige. Busch, Dr. Schneider, Haas aus Wischau, Frl. Jahn, Drescher, Schwab, Frau Wildomets und meine Wenigkeit. Es ist der letzte Rest von über 33, vier Männer und vier Frauen. Von den vier Frauen wollen zwei mit der Wehrmacht weiter (Jahn und Drescher), weil sie glauben, dort Schutz gefunden zu haben, eine, die ganz in unserer Nähe beheimatet ist (Schwab), möchte zunächst nach Hause. Wir bringen sie im Auto an Ort und Stelle. Wir übrigen 5 haben einen viersitzigen Praga-Lady Wagen und zwei Fahrräder zur Verfügung.

In der Nacht ratschlagen wir über den Weg unserer Flucht. Eingedenk des mitgemachten Partisanengefechts habe ich keine Lust, den direkten Weg westwärts über Deutsch-Brod-Tabor zum Bayer Wald nochmals zu versuchen. Mein Gedanke ist, den Weg weiter nördlich durch den Sudetengau und durch deutschsprachige Gebiete über Glatz zu wählen. Die Kameraden stimmen mich jedoch um. Sie wollen die erstgenannte Route festlegen, die ich am Samstag fahren wollte. Nachdem dies auch der nächste Weg zu Buschs und meiner Familie ist, gebe ich mich letzten Endes nach längeren Überlegungen zufrieden. Der von mir erwogene Weg durch den Sudetengau ist schon sehr gefährdet durch den russischen Vormarsch aus Sachsen und Schlesien mit Richtung Süden. Wir glauben durch das Partisanengebiet leichter zu kommen als durch die vorwärts stürmenden Russen. Vor allem habe ich da ja einige Erfahrung sammeln können, die uns nützlich sein wird. Der südliche Weg über Iglau kommt wegen der unmittelbaren Nähe der russischen Front und wiederum wegen Partisanen nicht infrage.

Ein herrlicher, trockener Maimorgen mit blühenden Bäumen und saftigen Wiesen findet uns im Aufbruch. Enttäuscht und entsetzt bin ich, als ich das viele Gepäck der Kameraden, insbesondere von Dr. Schneider und Frau Wildometz, sehe, die in den letzten Tagen immer mehr beisammen sind, wobei Dr. Schneider Frau Wildometz offensichtlich betreut und poussiert. Beide haben mehr, als sie einzeln und zusammen leicht tragen können. Sie haben Dinge bei sich, die man nicht auf eine so ungewisse Flucht bei sich trägt. Sogar ein Radio schleppen sie mit! Leider blieb alles gute Zureden, das Gepäck im Interesse der Kameraden auf ein Minimum zu beschränken, mit dem man nicht auffällt, nutzlos.

Schon um 6 Uhr früh bringt mich mein Fahrrad allein die wenigen Kilometer nach Boskowitz. Die Straße ist friedensmäßig leer und still. In Boskowitz verständige ich den mir gut bekannten Bezirkshauptmann Dr. Rudolf. Derselbe stellt mir noch eine Kennkarte als Ersatz für meine gestohlenen Ausweise aus, allerdings ohne Lichtbild. Wir besprechen mit ihm den Fluchtweg. Er will nachkommen. Wir können noch Geld in Reichsmarknoten wechseln. Die Amtskasse lasse ich ordnungsgemäß abgerechnet in der Bezirkshauptmannschaft stehen.

Unser Auto ist inzwischen mit den Kameraden nach Boskowitz gekommen. Dr. Schneider, der das Steuer führt, rät zur sofortigen Weiterfahrt. Er hat recht. Wir haben alle das Gefühl: Es ist die letzte Minute.

Wir fahren los. Drei von uns sind in der Limousine. Busch und ich hängen je mit einem Strick mit dem Fahrrad an.

Es gibt noch einen kleinen Aufenthalt, als unerwartet Kamerad Fuchs erscheint, der zum Stellungsbau abgestellt ist. Er bittet um seinen Gehalt. Ich gebe ihm Geld aus meiner Tasche, wir verabschieden uns. Wann werden wir uns wiedersehen?

Unsere Fahrt geht nur bis Lettowitz reibungslos. Dann versagen die Räder. Wir werfen sie kurz entschlossen weg. Busch drängt in den übervollen Wagen. Ich nehme auf einem Kotflügel Platz.

In Brüsau passieren wir durch Volkssturm ungehindert die Protektoratsgrenze. Unser überlasteter Kraftwagen geht überraschend flott vorwärts. Wir freuen uns ob der hindernislosen Fahrt an dem schönen Vormittag.

In Zwittau ändert sich die Lage mit einem Schlag. Von ferne schon sehen wir eine staubige Schlange westwärts strebender Wehrmachtsteile. Eine Stadt in Auflösung treffen wir an. Alles ist auf den Beinen und auf der Straße. Vor den Lauben des stilvollen Marktplatzes sammeln sich die Einwohner, um auf einem der Wagen Richtung Westen zu kommen. Männlein, Weiblein, Kinder, Greise und Babys mit viel und wenig Gepäck harren ungeduldig, ob sie von einem der unaufhörlich durchflutenden Autos mitgenommen werden. Erschütternde, herzzerreißende Bilder! Weinende, laut jammernde Frauen flehen auf den Knien liegend die Fahrer um Mitnahme an, dazwischen schimpfende Männer und Frauen, die sich ohne jede Rücksicht auf andere mit der brutalen Gewalt ihrer Arme durch das Menschengewoge drängen, kreischende Kinder, die ihre Mütter suchen und so fort. Das Herz tut uns weh. Wir können und können diesen armen Menschen nicht helfen, die eine verantwortungslose Staatsführung bis zuletzt dagelassen und praktisch den Russen ausgeliefert hat.

Wir biegen in die fahrende Kolonne und sind von da ab ein kleines Teil der Masse. Nichts als Wagen vor uns; hinter uns Lastwagen, Personenwagen, alle Arten von Wehrmachtswagen, voll von Menschen, unübersehbar. Wie viele Zehntausende mögen es sein? Wir denken an die Unglücklichen, die nicht mitgenommen werden und an die Tausende und Abertausende, die zu Fuß und per Rad neben der Wagenkolonne den schnellsten Weg nach Westen suchen und immer mehr von ihrem drückenden Gepäck in den Straßengraben werfen. Eine geschlagene Armee sucht in Hast und Eile dem Russen und auch dem Tschechen zu entkommen. Wir sind mit vielen,

vielen anderen Zivilisten mitten in dieser Armee flüchtender Menschen. Alle haben ein Ziel: den Bayrischen Wald. Wenige sprechen es noch aus, aber es ist so.

Unser Zug nach Westen geht trotz des Gedränges verhältnismäßig zügig vorwärts. Das ist es ja, was den Deutschen immer wieder auszeichnet.

Bei Policka führt die Straße in das Protektorat zurück. Der Ort ist blau-weiß-rot beflaggt. Bilder Beneschs und Masaryks zieren die Fenster der tschechischen Wohnungen. Die tschechische Bevölkerung starrt in die westwärts flutende Masse. Sie verhält sich ruhig. Die deutsche Wehrmacht ist noch bewaffnet.

Nach wenigen Stunden versagt die Kupplung an unserem Auto. Der Wagen steht. Das Fahren in der Kolonne erfordert zu häufiges Anhalten und Anfahren, was der überlastete Wagen nicht aushielt. So stehen wir am Rande der Straße. Busch wird von einem nachfahrenden Motorrad angefahren und leicht verletzt. „Ist das das vorzeitige Ende unserer kurzen Reise? Fallen wir den Russen oder Tschechen in die Hände?", denken wir bange. Jetzt sind wir die Bittenden! Viele, viele fahren vorbei. Endlich hat einer Erbarmen. Wir werden bis Zdiretz ins Schlepp genommen. Es geht ganz gut, auf jeden Fall besser als zu laufen. Dr. Schneider führt immer noch das Steuer.

Zdiretz, der Ort des Partisanengefechts, gleicht einem Menschenlager und Autoknotenpunkt. Wagen hinter Wagen und eine unübersehbare Menge Deutscher drängen sich zusammen.

Immer noch will alles nach Westen. Die Partisanen sind wie weggeblasen. Wir müssen wiederum bitten, dass uns einer anhängen lässt. Es gelingt nach langem Fragen.

Abends sind wir in Deutsch Brod und damit über 100 Kilometer westlicher als am Morgen. Wir sind zufrieden und setzen uns in der kühlenden, sternenklaren Nacht in unseren Wagen, um so gut wie möglich zu schlafen und uns für die kommenden Tage zu stärken. Währenddessen fährt auf der Straße Wagen um Wagen westwärts, Wagen hinter Wagen, voll beladen mit deutschen Menschen aller Gaue.

In der Frühe eilen auch wir wieder westwärts.

Eine Stunde geht es gut vorwärts. Die Straße ist bedeutend leerer geworden. Bald drängt sich jedoch die Kolonne wieder zusammen. Zuletzt sind zwei Reihen Autos auf der Straße, daneben Fußgänger und Radfahrer. Es gibt Stockungen und lange Halte. Wir machen in der Stunde nur noch 3–5 Kilometer. Die Straßenränder sind gesäumt von brennenden und ausgebrannten Autos, die von ihren Insassen verlassen wurden, weil sie unterwegs versagten oder weil der Brennstoff ausging.

Tschechische Bettler suchen in ihnen noch Brauchbares, vor allem Lebensmittel.

Es ist ein wunderschöner, wolkenloser Maitag. Mein Platz ist oben auf dem LKW, in dessen Schlepp wir sind. Die Kameraden sind im Praga-Lady. Auch heute leiden wir sehr unter der ungewöhnlichen Hitze.

Erst um 15 Uhr am 9. Mai 1945 sind wir am Bahnhof in Tabor. Diese Etappe wäre erreicht! Die Stadt ist beflaggt, blau-weiß-rot. Die Russen werden um 19 Uhr erwartet, sagen die Leute. Wir hören, dass in dem 52 km westwärts entfernten Pisek der Amerikaner sein soll und dass die Demarkationslinie zwischen dem Russen und Amerikaner die Moldau ist, die angeblich bis 24 Uhr nachts von allen westwärts ziehenden Deutschen überschritten sein muss. Wer es nicht schafft, fällt in die Hand des Russen.

Wir sind guter Laune, denn zeitlich müssen wir es ja erreichen. Wir haben 9 Stunden Zeit für etwa 35 km bis zur Moldau.

Tausende von Deutschen sind wieder da, die so wie wir alle nach Westen wollen und geschäftig hin und her eilen und Vorbereitungen treffen, damit sie ihr Ziel erreichen. Alle Autos sind zum Brechen voll. Ich hätte nie geglaubt, dass so viele Menschen in ein Auto passen.

Busch und ich suchen die Wohnungen unserer Frauen. Wir können uns in dem reich beflaggten Tabor, in dem die Bewohner zum Empfang der Russen rüsten, frei bewegen. Den Weg zu dem kleinen Hause, welches unseren Familien als Unterkunft diente, finden wir. Werden wir auch die Gesuchten finden? Wir läuten, niemand macht auf. In der engen Gasse haben Nachbarn bemerkt, dass wir in das Haus wollen. Wir werden beobachtet. Noch mal läuten wir. Endlich kommt jemand von oben und öffnet scheu die Türe. Es ist die alte Frau, die ich von meinem Besuch im April kenne. Sie sagt in gebrochenem Deutsch, dass unsere Frauen und Kinder nicht mehr da sind. Dies ist schmerzlich für uns, andererseits sind wir doch froh, weil eine Flucht ohne den Anhang der Familie für uns mehr Aussicht auf Erfolg hat. Wir erfahren, dass unsere Frauen am 5. Mai, also am Tage meiner letzten und so erlebnisreichen Dienstreise, in einem Lastwagen mit allem Gepäck gesund und munter westwärts über Pisek nach Petrowitz, das in der Nähe von Bayrisch Eisenstein, aber innerhalb des Protektorats liegt, gebracht wurden und dass es sich um eine tschechische Siedlung handelt. Weiter erfahren wir, dass Kollege Hauger und Frau dabei sind. Wir sind einigermaßen beruhigt, weil wir nun Frauen und Kinder beim Amerikaner wissen, zwar nicht ganz sicher, aber doch nach menschlichem Ermessen anzunehmen.

Sicher ist auf jeden Fall, dass sie nicht mehr beim Russen sind und auch nicht Gefahr laufen, in die Hände des Russen zu fallen.

Die arme Frau, die uns in der Zwischenzeit in ihre Wohnung geführt hat, weint bitterlich. Sie ist eine Tschechin, deren Tochter sich zum Deutschtum bekannt und einen deutschen Offizier geheiratet hat, von dem sie seit mehr als Jahresfrist nichts mehr weiß. Sie selbst ist auch deutsche Staatsangehörige geworden. Jetzt hat sie schreckliche Angst vor den Tschechen. „Die Tschechen lynchen uns", meint sie laut aufschluchzend. „Wo sollen wir hin?", ruft sie ein über das andere Mal. Busch und ich können leider nicht helfen, weil wir selbst auf fremde Hilfe angewiesen sind. Es schneidet uns ins Herz, gerade den beiden Frauen, die uns halfen, indem sie 4 Wochen lang unsere Familien aufnahmen und betreuten, in dieser bitteren Not nicht helfen zu können. Die beiden Frauen hätten früher, spätestens mit unseren Frauen wegmüssen. Arme, arme Menschenkinder! Nun sind sie ganz der tschechischen Volkswut ausgeliefert. Wir selbst müssen schauen, dass wir heil aus dem Haus kommen, nicht dass auch wir noch von Tschechen festgehalten werden. Wir wollen nun eiligst über Pisek, Strakonitz, Schüttenhofen nach dem genannten Petrowitz, um dort zu unseren Familien zu kommen.

Der Fahrer des Lastwagens, an dem wir die Strecke von Deutsch-Brod bis Tabor anhängen konnten, zaudert. Er hat Marschbefehl nach Budweis. Dort sind aber bereits die Russen. Auf der Straße Budweis-Tabor rücken die Russen vor. Der Lastwagen kann also unmöglich Richtung Budweis fahren. Nun telefoniert der Fahrer mit seiner vorgesetzten Dienststelle und bittet um weitere Befehle. Er selbst weiß sich nicht zu helfen. Dieses Zaudern und dieser Zeitverlust regen uns auf und lassen uns nach einer anderen Fahrmöglichkeit Richtung Westen suchen.

Gegen unsere letzten 50 Liter Benzin, die wir nicht in unserem Auto haben, nimmt uns ein Wagen, diesmal ein vollgepfropfter Omnibus, Richtung Westen mit. Um 16 Uhr fahren wir aus Tabor. Wir sehen wieder deutsche Frauen mit ihren Kindern auf dem Boden knien und weinen und bitten und betteln, dass sie mitgenommen werden, damit sie nicht in die Hände der anrückenden Russen fallen. Schrecklich, diese Szenen!

Endlich sind wir aus der Stadt. Es geht sehr langsam. Stockungen über Stockungen von immer längerer Dauer halten uns auf. Ein Tscheche ödet uns an, weil unser Wagen ein „Praga-Lady", also ein tschechisches Fabrikat ist, und deswegen angeblich nicht aus der jungen Tschechoslowakischen Republik darf. Um 21 Uhr sind wir noch 12 Kilometer von der Moldau entfernt. Wir sehen den ersten amerikanischen Flieger über uns. Er fliegt langsam wie ein „Fieseler Storch" und klärt auf. Die Soldaten werfen in immer größerer Zahl ihre Waffen weg und bringen Munition zur Detonation. Diese Erscheinungen der Auflösung erschrecken mich. Das Waffenwegwerfen ist ja sehr gefährlich, weil die Tschechen die Gewehre und Pistolen aufheben und mitnehmen und gegen uns Deutsche richten. Gerüchte werden laut: Die Demarkationslinie sei gesperrt, es dürften nur noch Verwundete auf die andere Seite, Verhandlungen schwebten zwecks Übergabe an die Amerikaner, der Russe sei bereits dicht hinter uns.

Das mutwillige und gefährliche Schießen wird verboten. Es soll der Wunsch des Amerikaners sein, der uns sonst nicht in Empfang nehmen will. Anscheinend wird nicht mehr gekämpft.

Da, es geht weiter! Nach 100 Metern stehen wir wieder. Erneute Gerüchte. Einzelne verlassen die Wagen und gehen zu Fuß. Andere kehren bereits zurück, weil das Verlassen der Wagen angeblich verboten ist. Sie suchen ihre Einheit und ihre Kameraden. Was tun wir? In die Hand des nachdrängenden Russen fallen? „Nie lebendig", denke ich. Also weiter!

Ich kupple unseren Wagen von dem Omnibus los. Wir schieben ihn links heraus, lassen ihn stehen und nehmen unser Marschgepäck auf den Buckel.

Wir sind uneinig und zaudern. Alle Kameraden wollen nicht mit. Dr. Schneider ist für Zuwarten. Endlich geht auch er. Unseren Kameraden Haas haben wir inzwischen in dem unheimlichen Gedränge und Gewühle verloren. Wo mag er sein? Er saß auf einem anderen Auto. Wir suchen und rufen in der Dämmerung. Vergebens! Weg ist er.

Für 12 Kilometer haben wir noch 2 1/2 Stunden Zeit. Das muss reichen. Es muss auch unter den heutigen Verhältnissen reichen: Die Straße ist voller Kraftwagen und Menschen, die vorwärts und rückwärts fahren und laufen, die rücksichtslos überholen und Sirenensignale geben und die Menschen aufgeregt machen. Unglaubliche Parolen gehen von Mund zu Mund. Es hupt und ruft und schreit auf der staubigen Straße. Lichter funkeln und blenden in der finsteren Nacht. Motorräder rasseln. Radfahrer drängen zu Fuß. Auf ihren voll gepackten Rädern können sie in dem Getümmel auf der Straße nicht mehr fahren. Jeder glaubt etwas zu wissen. Praktisch weiß aber keiner was.

Auflösung, Chaos! Da hilft nur ein eiserner Wille und zielstrebiges, bedachtes und überlegtes Handeln.

Wir können auf der Straße nur schwer gehen. Von der rechten werden wir auf die linke Straßenseite abgedrängt. Wir müssen mehrmals durch den Straßengraben und seitlich auf der Wiese marschieren. Menschen stürzen in der schwarzen Dunkelheit über Gepäckstücke, über Füße anderer, über Wagen und Räder. Wir verlieren uns und finden uns wieder.

Busch und ich tragen neben dem Marschgepäck unseren schweren Schmalztopf. Mehrmals fallen wir auf der Straße und in den Graben. Der Henkel des Topfes bricht. Das wertvolle Schmalz muss zurückbleiben. Dr. Schneider und Frau Wildometz, die ein eigenartiges Verhältnis verbindet, fehlen wiederum. Wir laufen zurück. Wir rufen. Wo sind sie? Keine Antwort, nichts zu sehen, nichts zu finden! Sind sie etwa vor uns?

Die beiden haben sich zu viel Gepäck zugemutet. Jetzt schon zeigt sich, dass sie die anderen dadurch aufhalten. Busch und ich reden und schimpfen gerade darüber, da fährt mich ein Motorrad rücksichtslos zu Boden. – Gott sei Dank ist es nicht so schlimm, wie es zunächst aussieht. Alle Knochen tun mir zwar weh, aber ich kann noch laufen und bin unverletzt.

Wir eilen weiter. Es geht durch eine Ortschaft. Dasselbe Chaos, dieselbe Auflösung! Wir halten uns an unseren Hände, damit wir uns nicht auch noch verlieren.

Die Straße wird wieder leerer. An einem Gehöft ist sie von der Wehrmacht abgesperrt. Kein Mensch darf weiter. Warum? Es ist nicht zu erfahren. Wir wollen stur durch. Der Posten weist uns zurück. Dennoch strebe ich weiter nach Westen. Die Moldau ist noch etwa 4 km entfernt. Es muss gelingen. Busch ist übermüdet und mürrisch. Er hat Durst, der nicht zu stillen ist. Die Uhr zeigt schon 22 Uhr 30.

Die dunkle Nacht ist heute unser Freund. Wir gehen durch einen tiefen Graben in die seitliche Wiese und fallen zunächst über schlafende und ruhende Menschen, die wir in der Dunkelheit nicht sehen, sondern nur greifen können. Weiter! Immer weiter! Ein Kartoffelacker nimmt uns auf. Wir gehen nun wieder parallel zur Straße und einige Hundert Meter später in einem großen Bogen auf sie zurück. Die Absperrung ist hinter uns. Auch Busch ist einigermaßen zufrieden, nachdem es in einem Schulhaus überraschend Trinkwasser gibt. Die Straße ist völlig leer. Wir können ausschreiten.

Später kommen wieder Menschen. Es geht in einen Wald. Die Straße verläuft bergab. Überrascht stehen wir auf einmal an der Moldaubrücke. Die Demarkationslinie ist erreicht. Es ist halb 12 Uhr nachts. Wir sind dem Russen entflohen und atmen erleichtert auf. Das wäre geschafft, sagen wir zueinander. Wenn jetzt nur die beiden anderen auch da wären, denken wir, als wir unsere Füße auf die Brücke setzen.

Ein Licht geht blitzartig und grell auf. Wir sehen Panzer und erschrecken. Amerikanische Panzer? Halten die Amerikaner schon die Demarkationslinie besetzt? Warten sie wohl hier auf die Russen, die so wie wir vom Osten kommen?

Die Soldaten auf der Brücke sind zweifellos Amerikaner. Wir haben zwar noch nie welche gesehen, hören aber englische Stimmen. Unsere Vermutung muss also richtig sein.

Wir laufen geradeaus vorwärts und sind nicht mehr weit von den Amerikanern weg. Da gebietet ein deutscher Posten, den wir gar nicht beachtet haben, Einhalt.

Niemand darf mehr die Brücke überschreiten und die Demarkationslinie passieren. Der Posten ist unbewaffnet. Er erklärt, der Krieg sei aus, Deutschland habe kapituliert und es werde daher nicht mehr geschossen.

Bitter enttäuscht und niedergeschlagen sind wir. Die Rettung ist so greifbar nahe. Wie entkommen wir den Russen?

Angeblich sollen die Amerikaner morgen früh um 6 Uhr nochmals für kurze Zeit die Brücke passieren lassen. Der Übergang ist schon seit dem frühen Nachmittag gesperrt, seitdem die Amerikaner Brücke und Demarkationslinie besetzen.

Unsere übermüdeten Füße tragen uns kaum mehr. Wir wollen ganz nahe der Moldau im Walde unter einem Baum schlafen.

Erst beim Verlassen der Straße und beim Eintreten in den dunklen Wald merken wir, dass derselbe von schlafenden Menschen übervoll ist. Da liegen ja unter jedem Baum in Decken notdürftig eingehüllt Menschen. Es ist beinahe unglaublich, aber alle wollen noch hinüber zum Amerikaner. Endlich finden auch wir noch ein Plätzchen. Ein kurzer Imbiss aus dem Rucksack. Wir hüllen uns in die Decke. Ich sehe noch Tausende und Abertausende von Sternen, die am Nachthimmel flimmern und die auch in der Heimat leuchten, und die hohen, majestätischen Tannen über mir und schlafe ein.

Der erwachende Morgen findet uns schon um 5 Uhr auf den Beinen. Wir wollen ja über die Moldau. Die Menschen stellen sich an der Brücke an und warten. Viele, sehr viele sind es. Es werden immer mehr. Wagen kommen angebraust. Vor der Brücke steht allmählich eine nach rückwärts unübersehbare Wagenreihe. Alle Autos sind voller Menschen: Soldaten, Zivilisten, Frauen, Kinder jeden Alters, Greise, Gesunde und Kranke.

Neben der Wagenreihe stellen sich die Fußgänger in Marschkolonne auf. Zuerst sind es Viererreihen. Die Amerikaner ordnen Sechserreihen an. Es ist eine unübersehbare Schlange.

Wie viele mögen es sein? Es sind Hunderte, Tausende, nein Zehntausende deutscher Menschen.

Sechs Uhr ist längst vorbei. Es ist heller Tag. Niemand darf noch über die Brücke. Deutsche Offiziere kommen. Sie sprechen mit den Amerikanern, von denen sich kein Offizier zeigt. Wir sehen es gut, weil wir ganz vorne sind.

Sieben Uhr, acht Uhr, niemand darf über die Brücke.

Auf einmal kommt Bewegung in die Massen: Die Amerikaner haben verlautbart, dass Fußgänger überhaupt nicht über die Brücke dürfen. Die Straße muss sofort zur Hälfte freigemacht werden. Alles muss auf die Wagen.

Ein Sturm auf die Autos ist die Folge dieser schikanösen Anordnung. Sie sind ja schon übervoll. Wir bitten und beten mit vielen Tausenden anderer und werden überall abgewiesen. Immer weiter zurück gehen wir an der Autoschlange. Endlich haben wir einen unscheinbaren Platz auf einem mit Frauen besetzten LKW gefunden. Sie murren zwar, die Frauen, aber es geht. Später stellen wir fest, dass es Luftwaffenhelferinnen sind, welche ihre Uniform abgelegt haben.

Lange dauert es, aber zuletzt sind alle, die vorher auf der Straße standen, auf Wagen wenigstens so untergebracht, dass sie gerade über die Brücke fahren und dann zu Fuß weitergehen können. Die linke Straßenseite ist leer.

Es wird neun Uhr, zehn Uhr, kein Wagen darf die Brücke passieren. Vier deutsche Generale verhandeln. Endlich kommt ein amerikanischer Offizier. Es ist ein Leutnant. Ich gehe immer nach vorne, schaue mir die Lage genau an und spitze die Ohren. Busch ist ziemlich teilnahmslos. Er hat die Nase voll und schläft im nahen Walde.

Nichts, rein gar nichts ist zu machen. Es darf niemand über die Brücke. Die Russen sollen in Tabor und auf unserer Straße im Anmarsch sein. Sie sollen die Wagenkolonne beschossen haben, berichtet ein Offizier, der von rückwärts kommt.

Jetzt wird mir klar, dass die Fußgänger die eine Straßenseite nur räumen mussten, damit die Russen ungehindert anfahren können. Eine perfide Schweinerei, denke ich.

Sollen wir hier, knapp vor dem Ziel, den Russen ausgeliefert werden? Das ist die bange Frage aller.

Schon in der Frühe hatte ich mir einen Plan zurechtgelegt für den Fall, dass alle Stricke reißen. So ein Fluss kann ja nicht nur trennen. Schwimmen ist die letzte Rettung. Das ist mein Gedanke. Die Moldau habe ich mir ganz genau angesehen; man kann dies gut, weil die Straße beträchtlich höher liegt als der Fluss. Die Strömung scheint ziemlich reißend, es ist auch noch zeitig im Jahr, das Wasser daher kalt. Aber das Schwimmen muss gehen, glaube ich. Mein Auge wählt für das Vorhaben eine geeignet erscheinende Flusskrümmung, an der die Strömung mit mir und von dem Wald am gegenüberliegenden Ufer nicht allzu weit entfernt ist. Außerdem ist diese Stelle von der Brücke nicht einzusehen. Ich glaube, dass ich da am besten amerikanischen Posten und tschechischen Nationalgardisten entkommen könnte, die sich in den letzten Tagen gebildet haben und die überall bewaffnet, mit blau-weiß-roter Armbinde versehen, herumspazieren.

Freund Busch setze ich von meinem Plan in Kenntnis. Er will nicht mitmachen, weil er nicht schwimmen kann. Ich erkläre mich bereit, ihn trotzdem ans andere Ufer zu bringen. Dies traue ich mir zu, weil ich ein sehr guter Schwimmer bin.

Busch bleibt ablehnend. Ich rede, was ich kann, gleichsam mit Engelszungen auf ihn ein, schildere dabei unsere trostlose Lage, aus der wir uns nur selbst helfen können, zeige ihm die paar Meter, die in die Freiheit führen, erinnere ihn an unsere Frauen und Kinder usw. All mein Bemühen ist umsonst.

Lieber zum Russen als zu schwimmen? Nein! Niemals! Busch bleibt stur. Er geht nicht mit, macht im Übrigen einen überanstrengten und verstörten Eindruck und sagt, ich solle allein den Versuch unternehmen.

Ich kämpfe mit mir. Den jahrelangen treuen Kameraden und Freund will ich nicht verlassen. Auf der anderen Seite drängt es mich, meiner hilflosen Frau mit den vier Kindern beiseitezustehen, die letzten Endes den ersten Anspruch haben. Familienpflichten stehen gegen Freundes- und Kameradenpflichten. Was soll ich tun?

Noch warten wir, dass die Wagenkolonne vielleicht doch über die Moldau fahren darf. Wieder einmal stehe ich ganz vorne. Amerikanische Soldaten sind über die Brücke gekommen und unterhalten sich ziemlich zwanglos mit Umherstehenden.

Deutsche Offiziere stehen mit zwei Generalen in einer Gruppe und beraten leise. Die Amerikaner haben vor kurzer Zeit die Straße mit einem Seil gesperrt.

Ein deutscher Wehrmachtswagen kommt in rascher Fahrt von rückwärts. Ihm entsteigt, noch bevor das Auto richtig hält, ein weiterer deutscher General. Derselbe tritt zu der Offiziersgruppe. In gedämpftem Ton, aber doch so, dass ich es verstehen kann, teilt er mit, dass die Russen auf der Straße im Anmarsch und spätestens in einer halben Stunde zu erwarten seien. Er berichtet weiter, dass die Russen rücksichtslos in die Kolonne harrender deutscher Menschen sogar mit Artillerie schießen. Nach seinen Worten reicht die deutsche Wagenkolonne von der Brücke her über die Moldau bis zurück nach Tabor, also über 30 Kilometer.

Mein Entschluss ist gefasst. Ich glaube die Kameradenpflicht erfüllt zu haben, als ich von Kolin aus nochmals östlich fuhr, um die Fehlenden zu holen, und auch damit, dass ich Freund Busch eindringlich bat mit mir zu kommen. Dennoch fällt mir der Entschluss schwer, weil mich mit ihm ein herzliches Band verbindet. Ich will deshalb rasch weg und handeln.

Die zu erwartende Ankunft der Russen spricht sich rasch unter den anwesenden Menschen herum. Ich strebe zunächst eilig der Kolonne entlang zurück zum Gepäck und hole einiges Wenige. Das Marschgepäck mit dem Rucksack lasse ich zurück. Ich will durch den an die Straße grenzenden Wald hinunter an die Moldau. Auch für diesen Gang habe ich mir schon einen Weg ausgekundschaftet.

Die vor der Demarkationslinie wartenden Zehntausende, die von den Amerikanern bis zur Ankunft der Russen zweifellos mit Absicht hingehalten werden, haben nur drei Möglichkeiten: Gefangenschaft und Abtransport durch die Russen, Selbstmord oder Flucht.

Viele, allzu viele wählen den Selbstmord. Männer erschießen ihre Frauen und Kinder in diesem Wald und dann sich selbst. Offiziere erschießen sich, Soldaten erschießen sich an diesem Maimorgen im eben grünenden Wald an der Moldau. Offene Verzweiflung. Immer wieder hallen die Schüsse, kaum anzuhören. Die Luftwaffenhelferinnen auf unserem LKW haben alle Selbstmord durch Einnahme von Gift begangen. Es ist schrecklich. Zu allem Unheil kann ich jetzt Freund Busch nicht finden. Wo steckt er gerade jetzt, wo die Russen kommen? Es ist zum Auswachsen! Ich eile kopflos in der allgemeinen Aufregung umher. Überall grinst der Tod. Busch ist nirgends, nur sein Rucksack steht auf dem LKW.

Die Verhältnisse beschleunigen meine Flucht. So schnell kann ich dem Leben, Frau und Kindern nicht Lebewohl sagen. Um 11 Uhr vormittags stehe ich an einem Steilufer der Moldau, versteckt hinter einem Strauch, und kleide mich aus. Ich bin allein und kann weder von hüben noch von drüben gesehen werden. Mein Bündel ist bald geschnürt. Ich will es während des Schwimmens an einem langen Riemen nachziehen. Nach einer wohlüberlegten, kurzen Abkühlung – es ist ja das erste Bad in diesem Jahr – geht es flott in die Strömung und mit zielstrebigen Bewegungen ans andere Ufer. Die Demarkationslinie ist überschritten. Ich wähne mich beim Amerikaner und schnaufe leichter. Eigentlich war ich dumm, dass ich in der Aufregung mein Marschgepäck zurückgelassen habe. An dem Riemen hätte ich es leicht wie meine anderen Sachen über die Moldau ziehen können. Jetzt stehe ich ohne irgendetwas wie ein begossener Pudel da, mutterseelenallein. Wo steckt Busch? Wie leicht hätte er auch mitkommen können!

Während ich am rettenden Ufer zunächst meine nassen Kleider auswinde und in der grellen Mittagssonne zum Trocknen auslege, laufen tschechische Bauern herbei. Sie sind überrascht und meinen in gebrochenem Deutsch, vor den Russen hätte ich doch nicht zu fliehen brauchen, sie seien gute Leute, überdies kämen sie heute noch bis Pisek, so weit könne ich doch nicht vor ihnen herlaufen. Ich erschrecke über diese Nachricht und kann sie fast nicht glauben. Die Amerikaner sind doch mit Panzern da, da können doch die Russen nicht auch noch kommen, denke ich. Ein unangenehmes Gefühl bleibt trotzdem, weil ich weiß, dass die Tschechen in der Regel gut unterrichtet sind. Im Übrigen lassen mich die Bauern mit Ausnahme ihrer abweisenden Gebärden in Ruhe.

Ich bin nicht der einzige Schwimmer. Viele folgen. Viele stehen auch hilflos am Ufer, starren ins Wasser und kommen nicht weiter. Sie wollen Kähne, die in der Nähe sind, losmachen. Tschechen suchen dies zu verhindern. Endlich gelingt es doch. Einen mutigen Offizier sehe ich zweimal die Moldau überqueren und Soldaten übersetzen. Immer wieder muss ich denken: Warum ist Busch nicht mit? Ist es mangelnder Lebenswille? Wie leicht könnte er jetzt dabei längst über dem Flusse sein.

Allein eile ich in den westlich vom Ufer der Moldau steil ansteigenden Wald. Zunächst geht es noch über ein paar Felder und durch einen kleinen Bauernhof an neugierig gaffenden Tschechen vorüber. Sie lassen mich in Ruhe, obwohl es ein Leichtes für sie wäre, mich zu fassen. Dann verbergen mich aber bald schützende Tannen. Ich gehe bewusst allein, weil ich der Auffassung bin, dass ich mich so am besten nach Westen durchschlage. Der Anschluss an eine Gruppe scheint mir zu gefährlich. Auf einer sonnigen Lichtung trockne ich nochmals Kleider und Geld. Sonst besitze ich nichts mehr.

Ein Haufen deutscher Landser kommt den Wald herauf. Sie sind unvorsichtig. Man hört sie laufen und reden. Hinter ihnen kommt die tschechische Nationalgarde. Mein Atem stockt. Die Landser sind endlich vorbei. Die Tschechen sind keine 30 Schritt von mir entfernt. Auch sie laufen an mir vorüber. Wenig später, als ich weitergehe, fährt eine amerikanische Motorradpatrouille hinter mir weiter zur Moldau und lässt mich einsamen Wanderer ziehen. Ich schaue, dass ich möglichst rasch von der Nähe der

Moldau wegkomme. Die tschechischen Bauern haben zweifellos Meldung gegeben, dass Deutsche den Fluss überschreiten.

Zwei Möglichkeiten habe ich, um weiterzukommen: entweder Fortsetzung des Fußmarsches durch Wald und Feld auf Schleichwegen oder frech und ohne Hemmung auf der breiten und nicht allzu weit entfernten Landstraße, auf welcher der Amerikaner mit seinen Wagen hin und her fährt. Ich wähle die Landstraße und komme auf ihr gut vorwärts Richtung Pisek.

Am späten Nachmittag erhalte ich von deutschen Soldaten Essen und auch für 2 Tage Marschverpflegung. Ein deutsches Wehrmachtsfahrzeug nimmt mich auf. Wieder einmal geht es etwas rascher vorwärts. Schon tauchen die Türme von Pisek auf. Es wird gemunkelt, dass wir in die Stadt nicht hineinfahren dürfen, sondern kurz vorher in ein Militärlager müssen, in dem die Amerikaner die deutschen gefangenen Soldaten sammeln.

Unser Wagen hält vor einem amerikanischen Panzer, der die Straße sperrt. Gerade wollen wir wieder anfahren, da überholt uns eine Wagenkolonne. Es sind Fahrzeuge der Artillerie und – oh Schreck – Russen. Lauter Russen, Fahrzeug hinter Fahrzeug.

Wir alle, die wir auf dem deutschen Fahrzeug sitzen, sind bleich und zu Bildsäulen erstarrt. Was ist nun?

Nach so viel Einsatz nun doch bei den Russen, denen ich eben entkommen zu sein glaubte, denke ich mutlos.

Sie machen einen überraschend guten Eindruck, die Russen. Ich sehe sie zum ersten Mal in meinem Leben. Alles junge, kräftige Burschen, an denen man seine Freude haben könnte, wenn es nicht gerade Russen wären. Die Tschechen waren wieder einmal gut informiert!

Wir paar Mann auf dem LKW können es immer noch nicht fassen. Unser Fahrer dagegen ist auf Draht. Er fährt in einer Lücke in die Kolonne der Russen. Wir fahren mit den Russen Richtung Pisek. Es ist ganz toll: Aber wir fahren mit den Russen in ihrer Kolonne.

Die ersten Häuser der Stadt Pisek sind bald hinter uns. Die Kolonne hält. Wir mit ihr. Von einer anderen Seite sehen wir eine weitere Kolonne Russen kommen. Auch sie hält.

Der Einzug der Russen in die Stadt Pisek beginnt. Offensichtlich ist er termingemäß vorbereitet. Alle Tschechen sind elektrisiert. Es ist Christi Himmelfahrt, Feiertag. In weniger als 5 Minuten erscheinen zu den blau-weiß-roten tschechischen Farben rote russische Fahnen mit Hammer und Sichel an nahezu allen Häusern.

Das haben die Tschechen gut vorbereitet. Alles, Groß und Klein, ist im Nu auf der Straße. Ein unbeschreiblicher einziger Jubel erfüllt die Luft. Tschechische Frauen gebärden sich wie verrückt. Sie scheinen in ihren Triumphgebärden noch viel nationaler und chauvinistischer zu sein als die Männer. Die russische Kolonne fährt ganz langsam durch die sich bildende Menschenschlange. Wir mit ihr. Russische Fahrzeuge nehmen als Zeichen der Verbrüderung jubelnde tschechische Mädchen auf. Blumen werden geworfen. Es ist fantastisch.

Auf dem Marktplatz ist kaum ein Durchkommen, so viele Menschen sind auf der Straße. Hier bemerken die Tschechen unseren deutschen Wagen. Laute Pfuirufe. Sie pfeifen, johlen und spucken vor uns aus. Wir sehen geballte Fäuste. Wenn das gut gehen soll? – Momente äußerster Spannung folgen. Wir sind längst unter die Plane gekrochen und hoffen nur noch auf unser Glück, dass dies gut weitergeht. An der Nummer erkennt man den Wagen wohl immer wieder als deutsches Auto. Erneute Pfuirufe.

Amerikaner sind auch da. Sie fotografieren eifrig.

Die Fahrzeuge können nun schneller fahren. Der Jubel überwiegt wieder. Wir fahren mit den Russen durch die ganze Stadt. Am Stadtausgang drehen die Russen und wiederholen anscheinend ihren Triumphzug. Dabei schert unser Wagen aus der Kolonne.

Das hat der deutsche Fahrer zweifellos gut gemacht. Wir sind nun wieder allein. In einem Wehrmachtslager gleich hinter Pisek endet unsere Fahrt. Dort setzt ein eifriges Rätselraten ein. Was ist eigentlich los? Wir sind auf amerikanischem Hoheitsgebiet. Aber was tun dann die Russen da? Keiner kann eine Erklärung finden.

Zivilisten dürfen in dem Wehrmachtlager nicht bleiben.

Ich erwische überraschend schnell einen Lastkraftwagen, der voll besetzt mit Zivilpersonen ist und angeblich nach Strakonitz fährt. Da dies meine Richtung ist, springe ich auf den Kotflügel auf. Gut, denke ich, die Fahrt geht weiter in den Westen. Ich bin nicht mehr fern von Frau und Kindern, sofern dieselben noch in Petrowitz sind.

Wenige Kilometer hinter Pisek muss unser Lastwagen halten, weil das Kühlerwasser kocht. Ich laufe in ein benachbartes Bauernhaus und will Wasser holen. Da kommen deutsche Fahrzeuge entgegen und halten. Sie haben ebenfalls Zivilpersonen geladen, die folgende Weisung der Amerikaner bringen: Alles soll zurück nach Pisek. Dort werden alle Deutschen in einem Lager gesammelt. Die Zivilisten sollen aus diesem Lager innerhalb von 4–5 Tagen nach Bayern abgeschoben werden. Es wird ausdrücklich gesagt, dass das Lager unter amerikanischer Oberhoheit ist. Angeblich soll dies ein amerikanischer Offizier in einer Ansprache an die deutschen Flüchtlinge in Strakonitz, die auch dort in einem Lager untergebracht waren, gesagt haben. Ich vertraue mit vielen anderen diesen Worten, verzichte auf einen alleinigen Weiterweg und gehe freiwillig in dieses Lager, immer in der Hoffnung, von da leichter nach Petrowitz zu kommen, das ja in der Marschrichtung Bayern liegt. Meinen Entschluss fasse ich auch deshalb, weil ich sehe, dass mehr und mehr tschechische Zivilisten, meist ganz junge Burschen, bewaffnet sind und Jagd auf Deutsche machen. Man muss gewärtigen, dass sie auf alles schießen, sofern sie überhaupt ihre Waffe bedienen können.

DAS LAGER PISEK

Unser Lastwagen fährt also nunmehr in Richtung Pisek.

Dort halten wir auf einem freien Platz. Nach näherem Besehen werde ich gewahr, dass es ein ehemals deutscher Pionier-Übungsplatz ist, der direkt an dem Flusse Wotava liegt.

Es sind noch nicht viele Menschen da. Doch laden überfüllte Lastwagen, die laufend einfahren, immer mehr deutsche Menschen ab. Pferdetrecks mit Deutschen aus Ungarn fahren ein. Die wenigen vorhandenen Unterstellräume für Pontons und Geräte sind rasch mit Frauen und Kindern vollgepfropft. Weitaus die meisten, darunter auch ich, beziehen den nackten Rasen als Rastplatz.

Zu meinem Erstaunen entdecke ich, dass wir von jungen Burschen bewacht werden.

Auf einem der angekommenen Lastkraftwagen sehe ich Kollegen Petersen aus Mährisch-Ostrau. Er kommt mit zweien seiner Mitarbeiter aus Strakonitz und bestätigt mir die erwähnten Angaben, die mich veranlassten nach Pisek zurückzugehen. Auch er sagt, dass das Strakonitzer Lager geräumt wird und dass die Amerikaner versicherten, die deutschen Zivilisten kämen in wenigen Tagen nach Bayern. Nun bin ich nicht mehr ganz allein.

Außer meinem Anzuge besitze ich nur einen ganz leichten Sommermantel. Decke oder Rucksack habe ich nicht. Auf dem bloßen Rasen verbringe ich eine kalte Nacht. Ab 4 Uhr morgens muss ich mich bewegen. Der feuchte Tau ist zu kalt.

Die Lagerbewachung wird laufend verstärkt. Zuerst waren die Wachen nur in einem kleinen Häuschen innerhalb des Platzes, angeblich nur zur Aufsicht, dass nichts passiert, und zu allfälligen Hilfeleistungen. Jetzt stehen sie schon am Eingang zu dem Platz und haben einen Schlagbaum errichtet. Es darf niemand mehr heraus und herein. Auch am Flusse patrouillieren Wachen. Es sind junge Tschechen mit tollen Fantasie-Uniformen, die meist bolschewistische Embleme tragen.

Es gibt kein Essen. Wir dürfen nicht einmal Trinkwasser holen. Toiletten fehlen.

Die Wagenkolonnen, die weitere deutsche Menschen bringen, reißen nicht ab. Auch Frauen und Kinder finden jetzt nur noch auf dem Rasen oder der bloßen Erde Platz, weil die wenigen Schuppen längst überfüllt sind.

Man sieht wenige Amerikaner im Lager. Ab und zu kommt ein Jeep angefahren, der 5 Minuten durch das Lager fährt und dann wieder abhaut. Wir müssen allmählich erkennen, dass das Lager unter tschechischer Bewachung steht und dass wir praktisch dem Tschechen ausgeliefert sind. Die Amerikaner haben nur eine Art Oberhoheit, von der wir direkt nichts merken. Auch die Lagerführung wird allmählich sichtbar. Es sind ehemalige KZ-Häftlinge, die bei jedem Wunsch und jeder noch so berechtigten Bitte auf ihre schlechte Lage im KZ spöttisch hinweisen und die weder den Willen noch das Können haben, das große Lager irgendwie zu betreuen.

Ich treffe Bekannte aus Brünn. Wir sprechen miteinander: Was soll hier aus uns werden? Bleiben wir in der Tschechei, um Strafarbeit zu leisten? Kommen wir nach Russland? Nach Sibirien? Fragen, die wir nicht beantworten können.

Die ersten Lagerparolen treiben Blüten. Wir werden vor Spitzeln gewarnt, die angeblich im Lager sind und den Tschechen Zutreiber- und Verräterdienste leisten. Ich bin sehr vorsichtig und rede mit niemandem, den ich nicht genau kenne, und zeige mich auch möglichst wenig.

Tage vergehen. Hunger und Durst zehren. Wir haben noch nichts zu essen bekommen. Das Lager ist inzwischen auf 9000 Menschen angewachsen, in der Hauptsache Frauen und Kinder. Die ersten Todesfälle werden registriert. Man fährt Särge in das Lager.

Endlich soll es etwas zu essen geben.

Es kommt eine einzige Feldküche, die unmöglich all die vielen Menschen verpflegen kann; deshalb wird nur an Frauen und Kinder etwas abgegeben. Die armen Frauen müssen stundenlang anstehen. Ich selbst erhalte mich seit Tagen nur damit, was mir mitleidige Lagerinsassen, die noch Vorräte haben, an Nahrungsmitteln schenken. Ab und zu kann ich mir durch Kinder etwas in das Lager schmuggeln lassen, weil ich noch gültige Brotmarken habe, die ich den Tschechen verheimliche.

Wir bauen uns unter einem der Pontons ein Lager zurecht. Seit dieser Zeit habe ich ein Brett als Unterlage. Ich muss nicht mehr auf dem bloßen Boden schlafen. Mit einem anderen zusammen habe ich nunmehr auch eine Decke.

Es kommt der 4. und 5. Tag, an dem wir nach Westen transportiert werden sollen, wie man uns sagte. Alle sind voller Spannung. Die Lagerführung gibt endlich bekannt, dass die Einhaltung des Termins für den Abtransport nicht möglich ist. Als Grund werden angebliche Transportschwierigkeiten angegeben. Warum lässt man uns aber nicht zu Fuß gehen? Nach Hause würden wir alle gerne und weit laufen. Es ist schon so: Man will uns mit aller Macht hier halten und peinigen.

Heute kam das erste Gewitter über uns. Ein Platzregen verwandelte weite Teile unseres Lagers in einen See. Viele Frauen und Kinder haben nichts Trockenes mehr auf dem Leibe oder irgendwo auf der Seite, sodass sie es anziehen könnten.

Man munkelt, dass die Russen das Lager übernehmen.

Alle Männer müssen sich bei der Lagerführung zwecks Registrierung melden. Ich verstecke mich und schlafe, weil ich denke, dass es doch nicht kontrolliert werden kann, wer sich gemeldet hat und wer nicht.

Ein Lastwagen fährt in das Lager und bringt neue Leidensgenossen. Ich sehe Busch. Er ist abgemagert und blickt unwirsch, muss anscheinend viel mitgemacht haben. Rasch bin ich bei ihm und lasse mir erzählen. Er ist verschlossen.

Seinerzeit hat er sich durch Soldaten hinter einem Kahn und unter russischem Beschuss über die Moldau ziehen lassen, ist später durch die Wotava gewatet, wurde dann aber gefangen genommen, aller Wertsachen beraubt und nach Pisek abgeschoben. Er will gleich auf schwarzem Wege weiter, bleibt aber dann auf meine Vorhaltungen hin da. Ich sage ihm, dass vor allem die

Amerikaner jeden aufgegriffenen Flüchtling in die Tschechei zurückbringen und den Tschechen zur Verfügung stellen. Auf diese Art und Weise sollen schon Männer bis von Regensburg zurückgebracht worden sein.

Die ersten Russen kommen ins Lager. Sie requirieren Fahrzeuge und Fahrräder. Alle irgendwie brauchbaren Personen und Lastwagen nehmen sie mit.

Amerikaner sind auch noch da. Einer von ihnen trägt als Souvenir das Ritterkreuz.

Ich habe Fluchtgedanken. Ein Bahndamm, der das Lager nach Westen abschließt, geht mir dabei nicht aus dem Auge. Die Bewachung wird immer schärfer und stärker. Jede Nacht wird geschossen.

Essen gibt es noch keines. Für Wasser müssen wir stundenlang anstehen.

Die Tschechen halten Siegesfeiern und verschießen an den schönen Maiabenden Hunderte Raketen.

Särge kommen wieder ins Lager.

Von einem ankommenden Lastauto steigen Dr. Schneider und Frau Wildometz ab. Auch sie wurden auf dem Wege, Richtung Westen, trotz ihrer sehr guten tschechischen Sprechkenntnisse gefangen genommen und nach Pisek gebracht. Mit ihnen sind wir wieder beisammen. Nur Haas fehlt.

Es gibt noch nichts zu essen. Der schreckliche Durchfall zehrt an den Kräften.

Ich vertrete die Auffassung, dass eine Flucht möglichst rasch erfolgen muss, weil wir sonst zu schwach sind. Die anderen raten angesichts der starken Durchsetzung des ganzen Landes mit bewaffneten tschechischen Zivilisten von einem solchen Vorhaben ab.

Die Russen haben heute das Lager offiziell übernommen. Auch benachbarte Militärlager haben sie von den Amerikanern übernommen, berichten Frauen, die dort waren, von ihren Männern rücksichtslos getrennt und ins Zivillager überwiesen wurden. Die armen Frauen weinen bitterlich.

Das erste Essen ist da. Es besteht aus einem Laib Brot für 20 Mann je Tag und einem halben Liter Wassersuppe täglich.

Der starke Durchfall hält an. Lagerinsassen haben Löcher in den Boden gegraben und mit Stangen abgezäunt. Dies dient als Latrine.

Die Russen rauben, was und wo es geht. Ihre Worte: Uhr her, Uhr her, sonst in einer Minute kaputt, hallen täglich und stündlich durchs Lager. Viele Tschechen zeigen den Russen, wo noch ein Rad oder ein Ring oder eine Uhr zu holen sind. Weibliche Spitzel tun dabei ganze Arbeit. Auch nachts sind die Russen da. Frauen werden vergewaltigt und rufen kreischend um Hilfe. Viele gehen leider auch freiwillig mit den Russen. Eine Schande! Oder sind es auch Spitzel? Man weiß es nicht. Des Mittags 12 Uhr wird eines Tages eine Frau mitten im Lager im Freien von so einem Unhold missbraucht.

Die Tschechen suchen im Lager eifrig nach SS- und Gestapoleuten. Täglich werden Männer verhaftet. Sie haben schwarze Listen. Jetzt merken wir, warum man uns so lange hier hält. Wir vier Kameraden aus Brünn bewegen uns ganz unauffällig, reden mit niemand und schlafen meist auf unseren Holzbrettern. Das erhält auch die Kräfte am besten und darauf kommt es im Augenblick besonders an; denn ich denke immer noch an eine Flucht aus dieser Hölle. Die Bärte lassen wir zu diesem Zweck vorsichtig wachsen.

Alle Bemühungen, legal nach Petrowitz zu kommen, scheitern. Tschechen und Lagerleitung lehnen schroff meine eindringlichen Bitten ab.

Eines Tages kommen weit über 1000 Personen zu Fuß aus Strakonitz in unser Lager. Ein Zug gebrochener Menschen. Sie berichten, dass sie mit uns nach Tabor sollen. Dort soll nochmals alles überprüft und dann nach Hause entlassen werden.

Wir Piseker Lagerinsassen wissen bis dato nichts von einer Reise nach Tabor. Erst am Abend wird bekannt gegeben, dass alles in zwei Tagesmärschen dorthin muss. Es sind 52 Kilometer. Dabei dürfen wir nicht den direkten und kürzesten Weg gehen, weil den angeblich die Amerikaner brauchen. Wir müssen über Moldautein und einen Umweg von annähernd 10 km machen.

Zehntausend Menschen, Greise, Frauen und Kinder, nur wenige Männer, alle ausgehungert und halb krank, sollen rund 60 km zu Fuß gehen. Wir können es immer noch nicht fassen, diese Zumutung. Und doch ist alles froh, dass es endlich von hier fort geht, wohin ist den meisten zunächst gleichgültig. Es regnet. Im Lager sind wiederum Seen. Tiefer Morast hindert an diesem Pfingstsonntagmorgen jede Bewegung. Dennoch stellen wir uns in einer unendlichen Marschkolonne auf. Mir ist es wie vielen anderen nur darum zu tun, zunächst einmal aus diesem verfluchten Lager herauszukommen. Nach Tabor will ich keinesfalls. Ich habe keinen Zweifel, dass wir in das dortige ehemals deutsche Straflager gebracht werden sollen. Wir müssen deshalb vorher fliehen.

Nach Westen ist nun jeder weitere Weg verschlossen. Damit ist ein Zusammentreffen mit Frau und Kindern vorläufig unmöglich geworden. Wir können nur noch südlich über Budweis-Linz zum Amerikaner kommen und von da versuchen in die Heimat zu gelangen. Das ist mein neuer Plan. Moldautein liegt auf diesem Wege.

Mit bangen Hoffnungen und diesem neuen Plan im Herzen verlassen wir das Hungerlager Pisek. Es ist ein Trauerzug. Ausgehungerte, schwer beladene Menschen männlichen und weiblichen Geschlechtes haben sich zu diesem Zug geformt. Manche ziehen ein Wägelchen mit Gepäck oder Kindern, das ihnen die Russen noch nicht gestohlen haben. Viele gehen am Stock, teilweise ohne Schuhwerk. Die Piseker Tschechen säumen die Straßen. Ihre Pfuirufe sind wieder zu hören. Sie spucken auf die einherwankenden deutschen Frauen und Kinder, die sich nicht wehren können. Alle freuen sich ob dieser Not, dieser Pein und Qual.

Ich brauche alle Kraft, dass ich nicht einem dieser Menschen an die Gurgel fahre. Sie tun jetzt, als wenn gar alle Tschechen in deutschen Konzentrationslagern geschmachtet hätten. Und wie gut hatten es die meisten von ihnen in der deutschen Zeit! Verdienstmöglichkeiten hatten sie wie nie zuvor und eine soziale Betreuung, die sie vorher nicht kannten.

Die Kilometer kommen und gehen langsam. Regen wechselt mit stechender Sonne an diesem Tage.

Neue tschechoslowakische Wehrmacht begleitet uns. Es sind Slowaken. Sie sind sehr anständig und schimpfen auf die Tschechen. Einzelne tragen sogar Gepäckstücke von deutschen Frauen, wenn sie nicht beobachtet werden.

Russen und Tschechen warten gierig, bis wir Gepäckstücke unter der drückenden Last wegwerfen, um zu raffen und zu rauben.

Meine Füße tragen mich kaum. Der tagelange Durchfall, das Nichtstun und die nagende Ungewissheit haben mir zugesetzt und mich mürbe gemacht. Ich bin so vergesslich geworden wie nie zuvor in meinem Leben.

Auch in den Dörfern, die wir durchschreiten, werden wir von den Tschechen angespuckt. Es gibt aber auch tschechische Frauen, die weinen, als sie diese unglücklichen Menschen kommen sehen. Manches deutsche Kind erhält von einer mitleidigen Tschechin eine Buchtel oder sonstiges Backwerk zugesteckt.

Die Wachen dürfen dies aber nicht sehen.

Russen sind überall auf der Straße und greifen sich immer wieder einzelne aus unserem Zug heraus, um sie auszurauben. Nur nicht auffallen, das ist deshalb unser einziges Streben, damit wir in Ruhe gelassen werden.

Ich kann nicht mehr weiter und muss rasten. Im Straßengraben lege ich mich nieder. Ein wenig Zucker bringt mich etwas auf die Höhe. Ich laufe weiter, stumpfsinnig und teilnahmslos. Auf einmal merke ich, dass meine Joppe fehlt. Ich erschrecke: Mein letztes Ausweispapier, das ich mir damals in Boskowitz noch ausstellen lassen konnte, alles deutsche Geld und mein eingenähter Ehering sind damit weg.

Was tun?

Haben Russen die Joppe gestohlen, solange ich teilnahmslos im Straßengraben lag?

Ich weiß es nicht.

Zurück?

Nein, sage ich unwirsch zu Busch, der mir böse ist, und ziehe nur noch mit Hemd, Hose, Pullover und leichtem Sommermantel bekleidet die Straße lang. In einem kleinen Säckchen trage ich ein bisschen Zucker, den ich ergattern konnte, und ein paar Scheiben Brot. Das ist meine ganze Habe.

Kilometer um Kilometer vergehen. Wir schaffen es heute nicht bis Moldautein. Ungefähr 6 km vorher fallen wir und viele andere todmüde in einen Gutshof. Es regnet und ist kalt. Die Dämmerung bricht gerade herein. Wir sind im Hofe und im Freien. Kein Essen. Das soll unser Lager sein?

Ich bettle mit Erfolg um ein Stück Bauernbrot. Es schmeckt herrlich.

Wir machen uns selbstständig und können in der Scheune bei einem tschechischen kleineren Bauern nächtigen. Seit Tagen haben wir das erste Dach über dem Kopf. Wir bekommen auch warme Kartoffeln und etwas Sauermilch, was wir gemeinsam mit russischer Einquartierung verzehren, die uns ganz in Ruhe lässt. Ein eigenartiges Volk, diese Russen! Einmal sind sie gut wie Lämmer, wie diese Einquartierung, und das andere Mal ist man seines Lebens vor ihnen nicht sicher.

Wir verbringen dankbar die beste Nacht seit geraumer Zeit. Morgens sind wir ausgeruht, satt und trocken. Die 6 km nach Moldautein fallen uns leicht. Dort werden wir auf einen Sportplatz geführt. Anscheinend ist das unser neues Lager, bis es weiter nach Tabor geht.

Stunde um Stunde verrinnt. Immer neue Menschen kommen. Der Platz ist viel zu klein. Es stürmt und regnet und ist nasskalt. Essen wird nicht ausgegeben. Wirrwarr. Die Lagerleitung aus Pisek fehlt. Die KZ-Häftlinge sind angeblich nach Westen abgehauen. Sie haben Passierscheine erhalten. Von uns keiner, nicht einmal Frauen mit kleinen Kindern.

Wir finden nicht ein bisschen Dach. Uns bangt vor der Nacht. Alle sind reichlich abgekämpft. Womit haben wir das verdient?

Die Österreicher beziehen einen besonderen Teil des Platzes, der durch eine Aufschrift kenntlich gemacht wird. Wir merken, dass die Tschechen die Menschen offensichtlich nach ihrer Herkunft aufspalten wollen. Sie teilen die Masse ein in Bayern, in

Norddeutsche usw. Ausländer werden gesucht und gesondert behandelt. Ein Gedanke geht allen von unserer kleinen Gemeinschaft aus Brünn dabei blitzartig durch den Kopf: Findet sich hier vielleicht ein Weg in die Freiheit? Wir überlegen kurz. Vorsichtig lauschen wir da und lauschen dort.

Wir hören, dass die Österreicher nicht nach Tabor, sondern möglichst rasch über Budweis nach Linz kommen sollen.

Das ist ja unser Weg. Busch, Dr. Schneider, Frau Wildometz und meine Wenigkeit melden sich deshalb spontan zu den freien Österreichern. Petersen und seine Kameraden trauen sich dies nicht zu. Sie liegen im nassen Gras unter einem Baum, der ein wenig Schutz bietet gegen die Unbilden der Witterung. Wir zieren uns mit der Schlaufe rot-weiß-rot, die wir uns rasch organisieren, was nicht ganz einfach ist, aber schließlich doch gelingt. Ich gebe an, dass ich von Bregenz am Bodensee sei. Dieser Ort ist weit weg und ich spreche als Schwabe einigermaßen die dortige alemannische Mundart. Mein grüner Tirolerhut macht mir das Bekenntnis zum freien Österreicher besonders leicht. Er hilft mir und verrät mich nicht mehr wie damals bei den russischen und tschechischen Partisanen.

Wir wundern uns alle: Schon am zeitigen Nachmittag verlässt ein Treck von etwa 300 Österreichern mit uns den unwirtlichen Lagerplatz in Moldautein, auf dem wir seit dem frühen Vormittag waten.

Nur weiter, immer weiter, denke ich, das große Chaos ausnutzen; denn nur in diesem Wirrwarr können wir die Heimat finden.

ALS FREIER ÖSTERREICHER

Der Treck Österreicher bekommt Pferdewagen. Gepäck, Kinder und Gebrechliche können also verladen werden. Es geht rasch. Einiges Gedränge entsteht. Geschimpfe vorlauter Wiener in ihrem bekannten Jargon ist zu hören. Letzten Endes ist aber jeder hilfreich und froh, dass es weitergeht.

Schon auf dem Marktplatz in Moldautein ist der erste Halt. Tschechische Gendarmerie erscheint geräuschvoll. Einer unserer Pferdewagen wird genau untersucht. Gepäck kommt heraus. Zwei Männer werden von den Tschechen verhaftet und abgeführt. Es sind angeblich Stapo-Beamte aus Brünn. Den einen kenne ich nach näherem Besehen flüchtig. Seine Frau war bei mir im Amt beschäftigt. Es ist ein Vater von drei kleinen Kindern, Spinka mit Name, ein Wiener. Der Mann war ein kleiner Angestellter der Stapo, ein Registraturbeamter.

Unser Weg geht weiter. Langsam ziehen wir in den späten Pfingstmontag. Wir sprechen wenig miteinander. Jeder ist mit sich selbst beschäftigt. Die Bewachung besteht nur aus einem Mann. Russen fahren an uns vorbei und behelligen uns nicht.

Zwei Stunden sind wir gegangen. Von hinten kommt ein lautes Auto. Es stoppt vor unserem Treck. Wir müssen halten. Tschechische Gendarmerie steigt aus. Alle Männer des Trecks müssen in einer Linie antreten. Zwei tschechische Beamte laufen an uns entlang und schauen sich jeden genau an. Sie suchen einen aus unserer Mitte. Wer ist wohl das Opfer? Mag das wohl gut gehen? Halte ich diese Prüfung aus? Ich besitze ja keinerlei Papiere. Die Gendarmen laufen an uns allen vorbei. Sie finden anscheinend den Gesuchten nicht.

Wir müssen nun im Gänsemarsch an den Tschechen vorbeigehen. Ein Mann mittleren Alters wird dabei festgehalten.

Er darf wieder zurück, nachdem er sich ausgewiesen hat. Auf einmal wird ein anderer ergriffen. Wir hören wenige laute Worte. Die Tschechen nehmen den Mann in ihr Auto und fahren Richtung Moldautein zurück.

Wir gehen weiter bis in die tiefe Nacht. Nur immer vorwärts, was die Füße hergeben. Jetzt geht es sowieso schneller, weil wir nicht mehr so viele sind. Russen schleichen sich im Schutze der Nacht an unsere Kolonne und rauben von unserem Gepäck. Wie Gespenster kommen sie aus dem Schatten der Nacht und verschwinden wieder. Ich bin froh, dass ich nichts mehr habe, da muss ich mich wenigstens nicht ärgern. Um 23 Uhr nachts kommen wir in einem Gutshof notdürftig unter. Essen gibt es keines. Wir schlafen aber gut in Stroh. Durch Gepäcktragen verdiene ich mir eine Schnitte Speck und bin glücklich, etwas zum Kauen zu haben.

Am anderen Tage macht sich der Treck frühzeitig zum Aufbruch fertig. Die Wagen sind schon wieder beladen und stehen bereits in langer Reihe auf der Straße. Da kommt wieder Gendarmerie, diesmal mit Militär. Alle sind schwer bewaffnet. Einzelne laden mit lautem Ruck ihre Waffe durch.

Wir erschrecken erneut. Hört denn diese Quälerei gar nicht auf? Wer kommt jetzt dran? Keine Minute ist man noch seines Lebens sicher.

Ein Kommando ertönt: Alle Männer in einer Linie antreten.

Die Linie steht.

Vor uns treten drei tschechische Gendarmen und zwei Soldaten, die schussbereite Maschinenpistole auf uns gerichtet. Hinter den Tschechen bauen sich viele Russen auf. In ihrer Neugier bilden sie den Hintergrund. Sie wollen sich das kommende Schauspiel ansehen.

Werden wir nun umgelegt? Richten sie ein Blutbad unter den Männern an und lassen nur die Frauen weiter? Dies denke ich unwillkürlich. Jede Sekunde erwarte ich Schüsse. Sowie einer den Finger krümmt, will ich mich gleich zu Boden werfen.

Es wird mäuschenstill.

Ein Gendarm verliest laut drei Namen. Die aufgerufenen Männer in unserer Linie antworten zaudernd mit „Hier". Sie müssen vortreten.

Der Erste wird gefragt, ob er Stapo-Beamter sei. Er verneint und bekommt daraufhin einen Tritt in den Magen, dass er umfällt. Eine weibliche Person springt herbei und erklärt mit greller Stimme, dass es der Richtige sei. Wohl ein Spitzel aus dem Lager Pisek.

Tschechische Schimpfworte.

Der Zweite wird ebenfalls gefragt, ob er Stapo-Beamter sei. Er zögert. „Du Schwein!", ruft einer. Der andere schießt. Das Opfer sinkt zu Boden.

Den Dritten schleifen sie mit dem ersten unter lautem Geschrei und Gezeter weg, wobei der gestern mitgenommene Mann, der wieder da ist, versichert, dass alle drei Stapo-Beamte aus Brünn seien.

Wir erschauern bei diesem grässlichen Schauspiel. Ich bekam dabei noch lange nicht alle Einzelheiten mit, weil ich zu wenig tschechisch verstehe. Trotzdem muss ich meine ganze Haltung bewahren, dass mir nicht sichtbar die Knie zittern.

Der Führer des Trecks Österreicher wünscht nun eine persönliche Überprüfung jedes Einzelnen. Sie soll an Ort und Stelle vorgenommen werden und den Treck von allen gesuchten Elementen befreien.

Auch das noch! Ich erschrecke, weil ich keinerlei Ausweispapiere besitze. „Jetzt ist es mit mir aus", sage ich leise zu Busch, der links neben mir steht und noch seinen deutschen Reisepass hat. Da komme ich unmöglich durch! Auch Dr. Schneider hat keine Papiere. Sie wurden ihm wie mir abgenommen. Er besitzt jedoch von mir ausgestellte Ersatzpapiere und steht rechts von mir in der Reihe.

Ich beiße auf die Zähne. Ein eiserner, unbändiger Lebenswille beherrscht mich. Ich muss zu Frau und Kindern!

Die Prüfung beginnt. Von der linken und rechten Seite unserer Linie nehmen sich je zwei Tschechen jeden Einzelnen von uns vor. Wir drei stehen etwa in der Mitte. Dr. Schneider, wie gesagt rechts neben mir stehend, kommt vor mir dran.

Über seine Ersatzpapiere entwickelt sich ein Palaver teils in deutscher, teils in tschechischer Sprache. Ich mische mich drein und trete dabei immer etwas mehr auf die Seite der schon Überprüften hinter Dr. Schneider, dessen Prüfung eben beendet ist.

Da ruft einer der Tschechen mich an: „Ihre Papiere?"

Ich antworte zum anderen Tschechen deutend: „Eben haben Sie sie doch gesehen!"

Der sagt: „Jawohl, in Ordnung."

Wie von einer Zentnerlast bin ich befreit. In diesen kritischen Sekunden bin ich zum zweiten Mal geboren worden. Frechheit hat gesiegt. Das Blut schießt durch meine Adern. Mir zittern die Füße ob diesem Wagnis.

Endlich kann der Treck weiter. Erleichtert geht es vorwärts, dem vorläufigen Ziele Budweis entgegen. In dem schönen Örtchen Frauenberg müssen wir eine nochmalige Überprüfung durch den tschechischen Nationalausschuss über uns ergehen lassen. Sie ist bedeutend leichter und lange nicht so gefährlich wie die am Beginn des Tages. Man braucht aber doch gute Nerven in diesem Lande.

Wir sind müde und froh, als die Türme von Budweis sich am Horizont abzeichnen. Im Vorbeigehen sehen wir, wie Deutsche auf einer Wiese vor der Stadt Lager beziehen müssen. Für uns Österreicher und für andere Ausländer, Ungarn, Serben, Kroaten usw. steht ein festes Haus mitten in der Stadt zur Verfügung. Es gibt sogar Essen. Der Fußboden ist unsere Schlafstätte. Das Haus ist vollkommen verschmutzt. Abort und Waschräume sind zunächst unbenutzbar. Unsere Frauen müssen den Dreck der Ausländer putzen.

Heute haben wir zu arbeiten, verfügt der Direktor des Hauses, ein ehemaliger KZ-Häftling. Er redet jeden von uns mit Hund an. Ich melde mich freiwillig zum Ziegelputzen, damit ich weg bin und nicht weiter in Erscheinung trete. Die Arbeit verrichten wir unter dem Bajonett eines kaum 15-jährigen tschechischen Lausbuben.

Wir müssen auch innerhalb unseres Trecks vorsichtig sein. Einzelne beginnen gegen Reichsdeutsche zu stänkern, die sich angeblich eingeschmuggelt haben. Sie sollen in Österreich eingekerkert und nicht nach Deutschland gelassen werden.

In Budweis erhalten wir als freie Österreicher einen russischen Sammelpassierschein nach Linz, das vom Amerikaner besetzt ist. Über das Ziel Linz an der Donau sind wir besonders erfreut, weil wir auf diese Art und Weise nicht nur aus der Tschechoslowakei, sondern auch gleich vom Russen zum Amerikaner kommen. Beinahe hindernislos sehen wir nach den vielen Enttäuschungen wieder einmal den Weg in die Heimat vor uns. Nach unseren Erfahrungen können wir jedoch nicht daran glauben. Neue Schwierigkeiten werden sich auftun und wir werden sie überwinden müssen.

Wir bemühen uns sehr um Einzelpassierscheine. Doch gelingt uns dies nicht.

Oft denke ich in diesen Tagen an Frau und Kinder. Was werden sie machen? Ich kann ihnen nicht helfen. Wo sind sie wohl? Kommen sie durch, durch dieses Schlamassel? Gelingt ihnen die Flucht vor diesem gehässigen Volk der Tschechen? Nationalismus kann man bei denen wahrhaftig lernen. Die Russen sind ja hundertmal besser als diese Tiere. Uns wirft man vor, wir hätten im Kriege Menschen verschleppt und in die deutsche Kriegsmaschine eingezwängt. Und was machen denn diese Tschechen, die uns das vorwerfen? Und auf welche Weise betreiben sie ihre Verschleppungen und Misshandlungen? Frauen und Kinder treten sie mit Füßen, Männer werden zu Tode geprügelt, jeder Deutsche wird als Freiwild behandelt.

Von Budweis aus dürfen wir mit der Bahn in vollgestopften Güterwagen bis Kapplitz fahren, an der ehemaligen Protektoratsgrenze südlich von Budweis gelegen. Die Fahrt ist nicht sehr weit. Vom Bahnhof Kapplitz geht es noch 5 km bis in den Ort, hinter dem unmittelbar die Amerikaner liegen sollen.

Wir schreiten nach unserer Ankunft tüchtig aus. Nachts um 23 Uhr sind wir da. Tschechische Nationalgarde lässt uns nicht weiter. Nach Linz darf angeblich niemand wegen der dort herrschenden Typhusgefahr. Die Stadt soll zerniert sein. Bis 2 Uhr morgens lassen uns die Tschechen – Männer, Frauen und Kinder, Greise und Kranke – bei leichtem Regen frierend auf dem kalten Pflaster des Marktplatzes sitzen. Später schickt man uns in eine Scheune. Ich schlafe auf einem Haufen Torfmull. Meine Kleider sind zum Auswinden nass.

Der Sammelpassierschein wird uns abgenommen.

Zu unserem Entsetzen erhalten wir Weisung, östlich zu wandern, nach Zwettl im Waldviertel. In dem dortigen Lager, dem ehemaligen deutschen Truppenübungsplatz, wollen die Russen nochmals alle überprüfen. Dann soll angeblich jeder, der nicht beanstandet wird, einen russischen Einzelpassierschein in die Heimat erhalten, auch wenn sie in der amerikanischen Zone liegt. Es wird uns gesagt, dass praktisch jeder denselben erhielte, es sei nur eine Formsache. Tschechen reden uns das ein. Sie wollen uns zweifellos nur dem Russen in die Hände spielen.

Wir hören wohl die Kunde – ein Einzelpassierschein, vom Russen ausgestellt, ist in dieser Gegend heutzutage das höchste der Gefühle –, doch uns fehlt jeder Glaube. Mein fester Entschluss ist, mit dem Treck nur so lange zu gehen, bis er über der alten tschechoslowakisch-österreichischen Grenze ist. Nach Zwettl gehe ich auf keinen Fall freiwillig. Von dem einen Lager und den mitgemachten Überprüfungen haben wir alle genug. Wir wollen ja nicht nach dem Ural oder nach Sibirien.

Unser Plan ist, uns auf niederösterreichischem Gebiet sofort selbstständig zu machen mit dem Nahziel Linz an der Donau.

Der Treck marschiert frühmorgens und das erste Mal ohne Bewachung von Kapplitz östlich. Ein Teil der Frauen und Kinder bleibt freiwillig zurück. Die Tschechen wollen ihnen Wagen geben, dann sollen sie nachkommen. Wir haben sie nie mehr gesehen. Anstelle der Frauen hätte ich mich auf derartige Versprechungen von Tschechen nicht eingelassen.

Seit Kapplitz ziehen wir durch deutsches Sprachgebiet. Nach unseren schlechten Erfahrungen mit der tschechischen Bevölkerung tut dies mehr als gut. Niemand spuckt mehr vor uns aus oder geifert uns mit Pfuirufen an. Schon fühlen wir ein Stück Heimat. Von dem einen oder anderen bekommen wir auch etwas zu essen, wenn es nur ein Teller warme Suppe ist. Sehnsüchtige Blicke werfen wir alle auf die nahen Berge des Böhmer Waldes und des angrenzenden Bayrischen Waldes am rechten Horizont. Über dem Kamm drüben ist Bayern, Deutschland, die Rettung denken wir. Und das konnten wir nicht schaffen?

Alle Dörfer sind vom Russen besetzt. Wir ziehen unbehelligt. Einzelne halten an und fragen, wer wir sind. Wenn sie hören, dass wir Österreicher sind und zunächst nach Zwettl ins Lager gehen, darüber hinaus aber nur den einen Wunsch haben, nach Hause zu kommen, lassen sie uns in Ruhe. Ein Russe gibt mir sogar Brot und Wurst, als ich ihn um Essen anbettele; er lädt gerade Brot aus einer Bäckerei in einen Pferdewagen.

Von der russischen Wehrmacht bin ich, genau wie damals vor Pisek, überrascht und erstaunt. Man erkennt fast ausnahmslos junge, kräftige Burschen, wenig motorisiert, dagegen vielfach auf Pferden und in guten Uniformen. Das Reiten beherrschen sie fabelhaft. Oft ist es kaum zu glauben, wie sie einhergaloppieren, wie sie halten und wenden und wieder starten. Pferd und Reiter sind eins. Behände sind sie wie die Katzen. Sie leben meist im Freien, wo sie ihre Zelte haben. Quartiere brauchen sie anscheinend kaum. Ein junges, von Kultur wenig belecktes Volk, stimmen wir überein, das uns zivilisierten Deutschen in vielem überlegen ist. Sie treten in einer Zahl auf, die uns unvorstellbar und unmöglich erscheint, wenn wir's nicht mit eigenen Augen sehen würden. Leider war unsere deutsche Propaganda anders. Wir haben diese Menschen sehr zu unserem Nachteil unterschätzt.

Die heimischen Bauern werden von den Russen kaputt gemacht. Diese zahllosen Burschen holen das letzte Heu, das letzte Ei, alles Mehl, alles Fett, und was sonst noch da ist, aus den Häusern.

Betten und Einrichtungen werden aus ganzen Dörfern abgefahren. Ihre Pferde, die größtenteils requiriert sind, weiden frei auf den Wiesen, sodass dieselben größtenteils abgegrast sind. Die Bauern werden daher in diesem Jahr kein Heu machen können. Der Viehbestand muss deshalb zurückgehen, was böse Folgen für die Ernährungswirtschaft zeitigen wird.

Selbst die Getreidefelder sind von den frei weidenden Pferden stark beschädigt. Die Halme sind geknickt und zusammengetreten. Neben der Straße sind 2 und 3 parallel führende Nebenwege breit ausgefahren. Die Furchen und Fahrrinnen führen rücksichtslos durch Wiesen und bebaute Äcker.

Da schaut her! Wieder kommt so ein Vierspänner. Ein prächtiger, stämmiger Mongole. Galopp, Galopp, auch wenn's bergauf geht! Schneidig anzusehen, aber arme Pferde, arme Bauern, denke ich! Unwillkürlich kommt uns der Gedanke vom Untergang des Abendlandes, wenn wir diese bewaffneten slawischen Horden durch den deutschen Wald, durch Feld und Flur rasen sehen.

Wir wollen heute noch über die alte tschechoslowakisch-österreichische Grenze. Regen, Übermüdung und ein Achsenbruch an einem unserer Wagen, die wir inzwischen gegen Geld und gute Worte wieder organisieren konnten, hindern uns daran. Patschnass erreichen wir in einem Gewitterschauer das letzte Dorf vor der Grenze, Heilbrünn. Eine Einsattelung zwischen zwei Anhöhen oberhalb des Dorfes trägt die Zollhäuser. Wir sehen sie gut. Sind sie wohl besetzt? Findet eine besondere Kontrolle statt? Wir fragen es uns bange. Niemand, auch kein Ortsbewohner, weiß es. Hoffentlich entkommen wir den Tschechen. Gegebenenfalls müssen wir uns halt durch den Wald durchschlagen.

Das Dorf ist deutsch besiedelt. Tschechen sind keine da, aber viele Russen. Seit Kapplitz haben wir keine Tschechen mehr gesehen, seit wir ins deutsche Sprachgebiet kamen. Wir haben kein Heimweh nach ihnen. Es geht auch ohne sie. Der Bürgermeister von Heilbrünn, ein zuvorkommender, alter Mann, versorgt uns in zwei Heustadeln mit einer Unterkunft. Ich versuche mit den Kameraden bei einem Bauern allein unterzukommen, damit wir etwas zu essen kriegen. Es gelingt. Wir erhalten Milch und Brot, Kartoffeln und Kaffee, können uns waschen und die Kleider trocknen. Lang entbehrte Genüsse.

Den Bauern, der uns für eine Nacht Asyl gewährt, interessieren unsere Erlebnisse. Er erzählt uns dann aber seine eigenen Nöte, wie die Russen alles ausrauben und kaputt machen. Zwei Wochen durften die Einwohner nicht aufs Feld, um die wichtigsten Arbeiten zu verrichten, und das in dieser Jahreszeit. Die Russen haben unserem Bauer nicht nur die Eier gestohlen. Sie haben ihm auch noch die Hühner mit der Maschinenpistole auf dem Hof in wilder Lust niedergeknallt, das Futter weggenommen, alle Vorräte verbraucht und anderes mehr. Die Bewohner des Dorfes wissen noch nicht, was aus ihnen wird, ob sie tschechisch oder österreichisch werden und auf ihrer Scholle bleiben können, auf der sie seit Jahrhunderten sitzen. Sie munkeln, dass die Tschechen kommen werden und die alte tschechoslowakische Grenze wiederherstellen. Grenzlandschicksal, das uns Binnendeutschen in der Regel unbekannt ist.

Während unserer Unterhaltung kommt so ein Russe durchs verschlossene Tor, das er roh aufschlägt, und begehrt mit lauter Stimme ein Nachtquartier. Er reißt alle Türen, Kästen, und Schubladen auf, schaut wild umher, lässt sich alle Betten zeigen, brüllt mich auf Russisch drohend an und verschwindet unwirsch, als er so viele Menschen in dem kleinen Hause sieht.

Wir schlafen in der warmen Küche unseres Bauern so gut, dass wir den Aufbruch des Trecks am anderen Morgen versäumen. Eine allgemein nervöse Aufregung erfasst uns. Können wir allein über die Grenze? Wir haben ja weder Ausweise noch Passierschein. Was sagen wir zu den Russen, wenn sie uns anhalten? Mit solchen Gedanken ziehen wir eiligst los und machen uns noch gegenseitig Vorwürfe.

Ein kurzer Anstieg, dann sind wir oben in der Einsattelung, über welche die ehemalige Grenze führt. Die Zollhäuser, das alte tschechische und das alte österreichische, sind beide leer. Kein Mensch ist in der Nähe. Wir drücken uns die Hände an diesem sonnigen Maimorgen. In diesem Augenblick verlassen wir für immer die Tschechoslowakei. Das muss ein Gedenktag fürs ganze Leben bleiben. Endlich, endlich! Was hat uns dieser lange und steinige Weg Mühsale und Nerven gekostet. Mit viel Glück haben wir es so weit geschafft. Nun sind wir wenigstens in einem deutschen Land und bei Menschen, die mit uns fühlen. Ein ganzer Lebensabschnitt liegt hinter uns. Es ist jetzt nicht mehr grundsätzlich jeder, der unseren Weg kreuzt, Feind.

Unsere weitere Flucht erscheint erleichtert und aussichtsreicher, wenn wir auch noch beim Russen sind, dem wir entkommen wollen.

Schon das erste Dorf, das mit Sicherheit im künftigen Österreich liegt, bringt uns bange Augenblicke. Wir holen dort wohl unseren Treck ein. Die Russen kontrollieren aber die Männer einzeln, die nach Österreich wollen. Alle müssen ins Rathaus kommen und ihre Papiere vorweisen. Wir Nachzügler kommen jedoch gerade hin, als die Kontrolle fertig ist, und kommen so mit einem blauen Auge und dem Schreck davon. Als wenn nichts wäre, stellen wir uns zu den Überprüften.

Unser Weg führt immer noch nach Osten, also entgegen Richtung Heimat. Wir erreichen Weitra, die erste österreichische Kreisstadt. Die Stadt ist von starken Verbänden Russen belegt. Es sollen noch zwei Divisionen in die Nähe kommen, jammern die Leute. Wir horchen herum, fragen diesen und jenen, vorsichtig selbstverständlich, gehen zum Bürgermeisteramt, alles, um überhaupt mal wenigstens oberflächlich zu erfahren, was in der Welt und in Deutschland los und passiert ist. Seit Wochen haben wir keine Nachrichten im Radio gehört, sondern nur Parolen, Gerüchte und Übertreibungen der Tschechen. Erst jetzt erfahren wir von der wirklichen Kapitulation, von der Besetzung ganz Deutschlands mit feindlichen Truppen und von diesem Ende mit Schrecken.

Keiner aus unserem Treck will nach Zwettl. Im Rathaus sagt man uns, dass sich jeder Österreicher in Österreich frei bewegen kann, er muss sich nur ausweisen können. Wie man zum Amerikaner kommt, kann uns der Beamte nicht sagen. Passierscheine gibt es dafür angeblich nur in Zwettl. Man sagt uns, wir sollen uns vor dem Russen auf jeden Fall möglichst unsichtbar machen und nicht auffallen.

Der Treck löst sich in Weitra auf. Es ist besser so.

Jetzt sind alle, auch wir, wieder selbstständig. Wir müssen nun allein unser weiteres Schicksal schmieden und sind an keine Gemeinschaft mehr gebunden, ohne die wir allerdings niemals aus der Tschechei herausgefunden hätten. Alles zu seiner Zeit!

Als notdürftigen Ausweis erhalte ich auf dem Bürgermeisteramt Weitra einen Zettel, auf dem steht, dass der dortige Bürgermeister gegen meine Weiterreise nach meiner angeblichen Heimat Bregenz am Bodensee keine Bedenken erhebt. Es ist mehr als nichts.

Nun wohin? Die einen wollen nach Wien fahren, von da kann man angeblich schon mit der Westbahn Richtung St. Pölten kommen, wie weit, das weiß aber kein Mensch. Ein Zug nach

Wien soll von Weitra über Gmünd durch das Waldviertel gehen. Andere sind sich gänzlich unschlüssig. Wir versuchen zunächst beim Russen Passierscheine zum Amerikaner zu erhalten.

Busch, der immer noch einen deutschen Reisepass hat, spricht dieserhalb in der Ortskommandantur vor. Er wird vom russischen Dolmetscher hinausgeworfen. Unser Entschluss, keinen Schritt mehr Richtung Osten zu tun, steht nun fest. Wir wollen direkt südlich durch das Waldviertel und über das Granitplateau nördlich der Donau an diesen Fluss und von da nach unserem Nahziel Linz.

Das Städtchen Weitra verlassen wir ohne weitere Hemmungen mit der Bahn, die schon fährt. Wir tun, als ob wir Einheimische wären. Das Züglein auf dem Schmalspurgleise führt tief ins Waldviertel Richtung Süden nach der Endstation Groß Gerungs. Zwettl bleibt in gebührender Entfernung östlich. Wir wundern uns ob des ganz normal anmutenden Verkehrs. Unterwegs gesellt sich ein Luftwaffenfeldwebel zu uns, ein Südtiroler aus Meran. Es ist herrlichstes Maiwetter. Die Bahn fährt durch wunderschöne Gegenden. Wir sitzen in einer richtigen Bimmel-Bahn. Die Landschaft kennzeichnen viel Wald, saftig sprossende Wiesen, grünende Felder. Man sieht praktisch nichts vom Russen. Die üppigen Wiesen stehen in ihrer farbigsten Blüte und zeigen nichts von den früher geschilderten Zerstörungen. Gott sei Dank gibt es auch noch andere Gegenden, wo der Russe offensichtlich nicht so gewütet hat.

Die Bahn führt uns steil bergan. Felsen aus Urgestein rücken ans Wagenfenster. Es dunkelt. In der Bahn sitzen biedere Wäldler, die wir in eine lebhafte Unterhaltung ziehen. Wir haben ja immer viel zu erfahren.

Groß Gerungs erreichen wir bei Nacht. Ein Gasthof wird uns empfohlen. Wir gehen hin. Die Wirtin ist sehr freundlich und gibt uns gleich zu essen. Sie will aber nicht, dass wir übernachten, weil sie Russen im Hause und Quartier hat, die gegen jeden Fremden Misstrauen hegen.

In einem anderen Gasthaus des völlig unzerstörten Städtchens erhalten wir auf den Bänken der Gaststube bereitwilligst Unterkunft und eine gute Suppe.

Unsere Kameradschaft ist nicht mehr recht schön. Der Grund ist schwer zu sagen. Die bisherigen ungeheuren Anstrengungen körperlicher und auch nervlicher Art haben jeden von uns stark überreizt. Busch leidet vielleicht am meisten von uns.

Er ist ganz ausgeraubt, stark abgemagert und im Gesicht eingefallen, sodass ihm die Augen auffallend aus dem Kopf treten. Stets mürrisch, bellt er einen auf jede Frage an. Das mangelnde Essen, vor allem das Fehlen jeglichen Fleisches, nimmt ihn sehr mit. Er will den ganzen Tag Lebensmittel fechten gehen. Dazu hat er als alter Parteigenosse und Ehrenzeichenträger von uns allen die größte seelische Belastung am Zusammenbruch des Nationalsozialismus zu tragen, an den er bis zuletzt glaubte. Frau Wildometz ist unterwegs teilweise recht anfällig. Sie hatte lange ein geschwollenes Gesicht und wund gelaufene Füße und trägt ihr vieles Gepäck, das noch verhältnismäßig viel Essen enthält, oft mit staunenswerter, aber letzter Kraft. Von ihren Lebensmitteln, insbesondere von ihrem Schweineschmalz, das sie noch hat, will sie wenig abgeben. Dr. Schneider hat immer noch sehr schwer zu tragen und hütet seine Lebensmittel, die er über die Moldau retten konnte. Er hat zu mir nie den richtigen Kontakt finden können. Jetzt wirft er bzw. die von ihm aufgestachelte Frau Wildometz mir mangelnde Kameradschaft und Egoismus vor. Offensichtlich ist er eingeschnappt, weil ich ihn seinerzeit verloren habe. Dabei war er selbst schuld, weil Frau Wildometz und er mit ihrem vielen Gepäck, mit dem sie zudem überall auffallen, nicht nachkamen in dem damaligen nächtlichen Chaos. Auch wegen des Essens streiten wir oft. Und wegen des Geldes!

Busch und Dr. Schneider haben noch welches. Sie wollen es sich für später erhalten. Ich selbst besitze weder wesentliches Gepäck noch deutsches Geld, habe aber alle Mühsale und Anstrengungen bis jetzt vielleicht gerade deshalb, weil ich so wenig zu tragen habe, am besten überstanden. Seit mein akuter Durchfall nachgelassen hat, habe ich mich unbestreitbar erholt. Oft fühle ich mich wie auf einer großen Wanderung, auf der ich zielstrebig in die Heimat eilen will und mich täglich trotz Abmagerung und wenigem Essen von der Büroluft befreiter fühle.

Die anderen drängen nicht so rasch nach Hause. Ich eile deshalb, weil ich die Auffassung vertrete, dass unsere Flucht nur in diesem ersten Chaos Aussicht auf Erfolg haben kann, schon weil wir keinerlei Ausweise haben. Ich meine immer wieder den Kameraden gegenüber, die teilweise anderer Meinung sind, dass wir diese Situation tatkräftig ausnützen müssen und auf keinen Fall Zeit vertrödeln dürfen. – Wegen des Geldes und vor allem auch wegen der Landkarte, die Dr. Schneider hat, bin ich auf die anderen angewiesen.

Die aus den geschilderten Verhältnissen sich täglich ergebenden Gegensätze prallen in unserer Gereiztheit in kleinen Dingen immer wieder aufeinander. So gibt es leider manchen Wortwechsel aus Verdruss. Mein eifriges Bemühen geht dahin, auszugleichen. Die Not muss zusammenschweißen und darf nicht auseinanderreißen, denke ich immer wieder, wenn mir der Gedanke kommt, angesichts der Undankbarkeit der anderen wegzulaufen und eigene Wege zu gehen.

An einem kalten Nebeltag verlassen wir in den Vormittagsstunden auf Schusters Rappen Groß Gerungs Richtung Süden.

Wir beginnen damit unseren nicht einfachen Weg durch das Waldviertel und das erwähnte Granitplateau. Wie gesagt, wir dürfen möglichst keinem Russen begegnen, da wir uns nicht ausweisen können. Es wird uns immer wieder gesagt, die Russen seien misstrauisch und vollkommen unberechenbar.

Es geht auf einem schmalen Sträßlein durch prächtigen Hochwald aufwärts. Bauern und Holzfäller, die an der Arbeit sind, geben uns willig Auskunft über Weg und Steg. Sie sagen uns, wie und wo wir den Russen am besten ausweichen können. Nicht nur vor den Russen werden wir gewarnt. Aus dem KZ-Lager Mauthausen, das nicht allzu weit entfernt ist, sind die befreiten Häftlinge ausgebrochen. Sie rauben und morden, wenn es drauf ankommt, in ihrer maßlosen Rachsucht nicht weniger als die Russen. Vor ihnen müssen wir uns beinahe noch mehr in Acht nehmen. Sie hassen die Deutschen. Wir lauschen daher auf jede Stimme, jeden Tritt und schauen mir Argwohn jedes menschliche Lebewesen an, das uns begegnet.

Am liebsten sind wir allein. Reichsdeutsche Flüchtlinge, in der Hauptsache zivil verkleidete Soldaten, sind viele unterwegs, allein und in Gruppen. Scheu sucht sich jeder auf der Flucht vor dem Russen den ihm an günstigsten scheinenden Weg nach Westen. Hoffentlich kommen sie durch. Die Einheimischen sind nicht nur gegen Österreicher, sondern auch gegen Reichsdeutsche gut. In unsere Richtung nach Süden geht niemand. Wir sind immer noch Österreicher und geben uns niemandem zu erkennen. Man weiß ja nie, wer Freund oder Feind oder Spitzel ist in diesen Tagen der Umwälzung.

Die Landschaft ist ganz prächtig. Ja, Österreich ist in allen seinen Teilen ein schönes Land. Können wir einmal im Frieden durch diese über 1000 m hohen Berge ziehen? Das muss einmal eine Urlaubsreise geben. Blühende Wiesen wechseln mit duftenden Wäldern, knospende Bäume treiben ihre Blüten, almenähnliche Hänge laden zu fröhlicher Rast. Unser Weg geht stets auf und ab, nie eben. Auf steiler Bergeshöhe haben wir überraschende Rund- und Fernblicke. Da ist es immer wieder einfach, sich den Weg zurechtzulegen. Wir meiden Dörfer, weil wir da Russen vermuten, und leben ganz in dieser herrlichen Natur. Oft kommt es gar wehmütig über mich. Ich möchte bei irgendeinem Einödbauern bleiben und dort arbeiten, angesichts der Berge und Tiefen, der Wälder und Wiesen und Felder, bis bessere Zeiten kommen. Am liebsten würde ich ganz da bleiben, wenn mich nicht Frau und Kinder nach Hause riefen.

An einem Sonntag Nachmittag zotteln wir wieder bergan. Wir sind bald oben in einem passähnlichen Einschnitt. Die Natur ist wieder so friedlich, als wenn nichts gewesen wäre. An unsere Flucht erinnert nur noch das tägliche Betteln um Brot, Milch und Eier bei den Bauern.

Ein herrlicher Ausblick tut sich unmittelbar hinter einer Waldecke auf. Vor uns liegt das Hochgebirge. Gipfel an Gipfel erhebt sich über gleißende Firne. Der Schnee leuchtet in der Sonne. Dazwischen grünende Täler. Im Vordergrund blumige Wiesen und blühende Obstbäume. Ein Bächlein rauscht. Mein Bergsteigerauge erkennt sofort den wohlgeformten, die Nachbarberge um ein wesentliches überragenden Hochschwab. Tief unter uns erspähen wir, beinahe in leichtem Dunst, das grün-silberne Band der breiten Donau. Wieder wäre eine Etappe geschafft! Links erkennen wir die Kuppel des Klosters Melk in der Wachau. Vorabendliche Sonne scheint über uns und lässt Licht und Schatten so richtig hervortreten. Ein Vöglein trillert sein Lied. Welch einmaliges Erleben!

Heute müssen wir noch an die Donau, sagt einer von uns, die anderen damit in die raue Wirklichkeit zurückrufend. Von Maria Taferl geht es steil hinab. Jetzt ist kühlender Abend.

Wir haben gute 40 km seit dem frühen Morgen hinter uns. Je näher wir zur Donau kommen, desto vorsichtiger sind wir. Da müssen ja Russen sein.

An einem Ortseingang erkundigen wir uns; wir werden an unsere ernste Lage erinnert. Es ist keine Sommerfrische. Alle Urlaubsfreuden sind fern. Wir sind in dem Örtchen Marbach an der Donau. Gegenüber, am anderen Ufer der Donau, ist ein Russenlager mit mehreren Tausend Mann, die nach den Erzählungen der Leute täglich Raubzüge machen und Bauernhöfe überfallen. Über die Donau darf man nur mit Passierschein. Die Fähre ist von den Russen bewacht, welche die Papiere kontrollieren. Auf einzelne Boote und Schwimmer wird ohne Anruf geschossen.

Wir schleichen zur Fähre. Die russische Wache ist tatsächlich da. Gegenüber das Russenlager. Hell leuchtet die rote Fahne mit Hammer und Sichel in der untergehenden Sonne.

Wir halten Kriegsrat. Zunächst wollen wir über die Donau nach Amstetten und dann nach Steyr. Die Enns ist hier die Demarkationslinie zwischen Russen und Amerikanern. Dieser Plan kann nicht verwirklicht werden, weil wir die Donau nicht überschreiten können. Das Vorhaben wäre zu gefährlich. Die Russen passen höllisch auf. Ein Ortsbewohner sagt, dass man in dem ca. 80 km westlich gelegenen Mauthausen leicht zum Amerikaner käme. Dort sei der Bahnhof noch russisch, die Stadt aber amerikanisch. Weiter wird uns gesagt, dass man nach Mauthausen am besten mit dem Güterzug komme, der auf der Bahnlinie am linken, also nördlichen Donauufer schon fahre. Dieser Plan erscheint uns nicht unsympathisch.

Am Bahnhof erfahren wir, dass morgens und abends je ein Güterzug Richtung Westen fährt.

Wir rollen in die Nacht hinein. Dies dünkt uns für unser Vorhaben günstiger. Ein Deckelwagen nimmt uns auf. Wir verkriechen uns in den Hintergrund. Der Wagen ist voll besetzt. Meist sind es Flüchtlinge, Reichsdeutsche aus Österreich, die wie wir in die Heimat wollen.

Die Stunden fließen langsam. Der Zug hält in jeder Station. Wir fürchten eine russische Kontrolle. Nichts Derartiges kommt aber. Um 12 Uhr in der Nacht erreichen wir Mauthausen. Im Bahnhof und dessen Gelände drängen sich viele Menschen. Es kommt gerade ein voll besetzter Zug an, der Richtung Osten fährt. Wiener, die in ihre Heimatstadt eilen.

Kein Russe ist zu sehen. Zwei amerikanische Posten passieren wir anstandslos im Gedränge. Es geht ja ganz gut, denken wir. Das wievielte Mal ist es, seit unserem Weggang aus Schebetau, dass wir zum Greifen nahe beim Amerikaner sind? Hoffentlich ist uns diesmal das Glück hold.

Der Bahnhof des KZ-Ortes Mauthausen liegt weit außerhalb der Stadt. Auf der dorthin führenden breiten Straße laufen nach Ankunft unseres Zuges trotz der mitternächtlichen Stunde Männer, Frauen und Kinder. Alle wollen zum Amerikaner. Nach wenigen Hundert Metern erblicken wir vier Panzer, welche die Straße absperren. Es sind Amerikaner. Wir gehen hin.

Sie lassen niemanden passieren. Kein Einziger darf durch. Ist es nicht zum Kotzen? Soll sich hier das Schauspiel vor der Moldaubrücke bei Pisek wiederholen? Das darf und darf nicht sein. Jetzt geht's aufs Ganze.

Wir gehen kurz zurück und gehen dann von der Straße ab zur Donau, die ja aus der Richtung kommt, in die wir wollen, aus Westen. An ihrem Ufer führt ein Hochwasserdamm parallel zur Straße Richtung Stadt. Zwischen Hochwasserdamm und Wasser schleichen wir im Mondschatten westwärts. Die Straße liegt ungefähr 400 m seitlich. Wir sind mäuschenstill und laufen geduckt. Kein Stein darf sich rühren. Jetzt sind wir auf der Höhe der Panzer. Der Damm hört auf. Einzeln huschen wir über ein kurzes, im hellen Mondlicht leicht einsehbares Stück. Wir fürchten nur Patrouillen. Weiter, immer weiter, unser altes Schlagwort! Der wieder beginnende Hochwasserdamm wird so steil, dass wir teilweise im Wasser waten. Wir sind aber gegen Sicht gedeckt. Die starke Strömung und Steine behindern uns. Die Donau wird gleich sehr tief. Man muss arg aufpassen. Aber es geht. Unser Weg wird besser. Wir wollen möglichst weit hinter die Panzersperren kommen. Darum laufen wir immer weiter donauaufwärts. Dieser Damm ist ja fabelhaft. Jetzt stehen Häuser hinter ihm. Anscheinend ist es eine Fabrikanlage. Wir verlassen Donau und Damm und kommen im silbernen Mondlicht auf ein kleines Sträßlein. Dasselbe führt wohl zur Hauptstraße, weit hinter den Panzern. Mondschatten nimmt uns an einer Mauer wieder auf. Da, ein Posten.

Mit vorgehaltenem Gewehr gebietet er Halt. Es ist kein Amerikaner, sondern ein Österreicher. „Haben in der Nacht den Weg verfehlt und sind von der Straße abgekommen", antworten wir.

Ausweise vorzeigen!

Busch zeigt seinen Pass. Gleichzeitig fragen wir in unserem besten nachgemachten österreichischen Dialekt um ein Nachtquartier. Der Posten scheint uns zu trauen. Er schaut nicht weiter nach unseren Papieren und führt uns in eine wenig entfernt gelegene, halb verfallene Bretterhütte.

Das wäre noch einmal gut abgegangen. Hoffentlich sind wir jetzt ganz beim Amerikaner. Wir können es noch gar nicht glauben. Zunächst schlafen wir am Boden der Bretterbude, bis uns die Frühsonne weckt. Da entdecken wir noch zwei Menschen in einem Nebenraum. Sie haben die Kopfhaare geschoren und sprechen eine Sprache, die wir nicht verstehen. Scheue Gesichter. Zweifellos KZ-Häftlinge.

Wir sind abgebrüht, sodass uns nicht so leicht etwas erschüttern kann. Schweigend verlassen wir in aller Gemütsruhe den Ort Richtung Stadt. Wir dürften in einen kleinen Teil des KZ-Lagers gekommen sein und haben dort die Nacht zugebracht.

In der Stadt sind sehr viele Amerikaner mit noch mehr Autos. Wir können nunmehr annehmen, dass wir die Russen endlich hinter uns haben.

Auf dem Rathaus bemühen wir uns um einen Passierschein über die Donau und eine Fahrgelegenheit nach Linz. Getippelt sind wir ja zu Genüge. Es wimmelt dort von Menschen wie einem Bienenhaus. Wir haben keinen Erfolg. Endlich sitzen wir trotzdem auf einem Lastkraftwagen, welcher die Richtung zur Donaufähre einschlägt. Bei der Kontrolle wirft uns der amerikanische Posten aber schroff vom Wagen, weil wir „nix gut Passierschein" haben. Wir müssen aber hinüber! Es gibt für uns kaum einen anderen Weg in die Heimat. Was tun?

Die heiße, ausglühende und staubige Landstraße nimmt uns wieder einmal auf. Wir wandern westlich. Freundliche Menschen warnen uns, nicht allzu nahe am KZ-Lager vorbeizugehen, weil man dort zur Arbeit gezwungen und ausgeraubt würde. Wir wollen nach dem Örtchen St. Georgen. Es sind nur 7 Kilometer.

Die Hitze brütet. Wir kämpfen um Essen, weil wir hungrig sind. Es gibt in dieser Gegend wenig. Die KZ-Häftlinge haben nach ihrer Freilassung in wilder Wut alles gestohlen. In einem Bauernhaus komme ich mit einem ehemaligen polnischen Bauern zusammen, der ausgesiedelt wurde und ins KZ kam. Er bittet wie ich um Milch und Brot, spricht gut Deutsch und erzählt seine 5-jährigen Erlebnisse. Er sagt, dass er nur deswegen ausgesiedelt wurde und ins KZ kam, weil er Pole sei. Sein Gut sei auf deutsche Siedler aufgeteilt worden. Der Mann macht einen guten Eindruck. Leidenschaftslos erzählt er seine Leiden im KZ. Auch die Bauersfrau erzählt von Folter- und Hinrichtungsgeschichten und von dem brutalen, menschenunwürdigen Benehmen der SS-Männer. Sie hat angeblich viel selbst gesehen und will daher vieles wissen, weil ihr Hof unmittelbar an den Zaun des Lagers grenzt.

In St. Georgen lähmt der schwüle Tag so, dass wir, unfähig zu allem, ins Gras fallen und am hellen Tage schlafen. Hier führt wenig entfernt eine Eisenbahnbrücke über die Donau nach Linz. Man warnt uns immer noch, dorthin zu gehen, weil jeder gefasst würde. Es ist aber der letzte Weg, um endlich über die vom Russen und Amerikaner gleich streng bewachte Donau zu kommen.

Gegen Abend sitzen wir in einem Eisenbahnwagen. Es ist die Strecke Budweis-Linz, an der wir in St. Georgen in einen Zug Richtung Linz einsteigen. Unsere Nerven sind bis aufs Äußerste gespannt, als der Zug langsam über die Donaubrücke kollert. Unter uns steht der amerikanische Posten mit seinem Maschinengewehr. Kurz danach sind wir in den Trümmern der Bahnhofsanlagen nach Linz an der Donau. Müde klettern wir über Steine und Balken und Geleise. Auf einmal sehen wir ein paar Waggons mit einer Lokomotive Richtung Westen, um die sich viele Menschen bewegen. Glück muss der Mensch haben. Dieses Gefährt bringt uns noch am späten Abend nach Attang-Puchheim. Die angeblich zu meidende Stadt Linz haben wir gar nicht betreten.

Von Vöcklabruck aus müssen wieder unsere Füße dran glauben. Wir ratschlagen. Sollen wir durch das Salzkammergut nach Salzburg gehen? Die sonnendurchflutete Natur reizt zu dieser großartigen Wanderung, die an den bekanntesten Gebirgsseen vorbeiführen würde. Wir überwinden uns aber und laufen neben der weniger schönen Bahnlinie, weil wir hoffen, dass doch wieder mal ein Güterzug kommt.

Im Morgengrauen des Fronleichnamtages sind wir in Salzburg. Es regnet, wie es nur in Salzburg regnen kann. Gerne besuchte ich Bekannte. In Hemd und Hose kann ich aber in dem Regen nicht herumlaufen, zudem weiß ich keine Adresse und kann sie am Feiertag trotz aller Bemühungen nicht feststellen, weil das Einwohnermeldeamt geschlossen ist. Der einzige einigermaßen trockene Raum auf dem zerschossenen Bahnhof ist die Gepäckaufbewahrung. Dort halten wir uns den ganzen Tag auf, frieren und schnattern und verbringen eine schreckliche Nacht.

Dr. Schneider und Frau Wildometz verbleiben in Salzburg. Ihre Flucht ist beendet. Busch und ich müssen ins Reich. Dr. Schneider geht mit Frau Wildometz zu seiner Familie. Er verabschiedet Busch und mich im Regen auf der Straße und nimmt uns nicht mal zu einem warmen Kaffee mit … Ist das Dankbarkeit und Kameradschaft?

Die österreichisch-bayrische Grenze ist gesperrt. Nochmals müssen wir uns durchschlagen und Wege suchen, die gewagt sind. Dabei heißt es auch diesmal, vorsichtig zu sein, weil es in Salzburg Menschen gibt, die jeden Deutschen, der flieht, den Amerikanern melden und den Posten Spitzeldienste leisten. Wir hören hier viel über Deutschland schimpfen.

Dutzende Male laufen wir tagsüber und während des Nachts von der Gepäckaufbewahrung die Treppen hinauf zum Bahnsteig. Wir denken, dass wir vielleicht doch einen Zug erwischen, der uns mühelos über die Grenze bringt. Es warten noch mehr Menschen mit demselben Vorhaben auf dem zugigen Bahnhofsteig. Von Stunde zu Stunde werden wir vertröstet. Ein Zug kann schon in der nächsten Stunde fahren, es kann aber auch drei Tage dauern, ist die stete Auskunft des Fahrdienstleisters.

Nach der durchfrorenen Nacht hört der Regen auf. Die kalte Luft klart auf. Nahe Berge tragen Schnee über dem grünenden Wald. Teilweise ist der Schnee bis unter die Waldgrenze gefallen. In der Morgensonne zeigt Salzburg seinen ganzen Glanz. Wir haben das Warten auf die Bahn aufgegeben und streben zu Fuß zu der wenig entfernten Grenze, welche die Saalach bildet. Der Sinzheimer Steg, ganz schmal und unscheinbar, mitten in den Auen der Saalach gelegen, soll noch nicht bewacht sein. Über ihn wollen wir nach Bayern.

Wir gehen zuerst auf der Autobahn. Dann schleichen wir über den breiten Körper der Eisenbahn an einem amerikanischen Lager vorbei. Laubwald deckt uns jetzt einigermaßen. Wir kommen an das Ufer der Saalach. Drüben ist Bayern. Deutschland, unser Ziel. Die Saalach ist reißend, hat Hochwasser. Schwimmen kommt heute in diesem Bergwasser nicht infrage. Wir gehen flussaufwärts, bis der Steg in Sicht kommt. Wir sehen ihn nun, aber gleichzeitig auch einen Posten, einen Schwarzen. Bedenkenlos gehen wir zu ihm, haben aber kein Glück. Der Posten lässt uns trotz unserer eindringlichen Bitten und Vorstellungen nicht passieren und schickt uns zu einem Captain nach Sinzheim.

Ich überlege schon den beschwerlichen Umweg über die grüne Grenze nach Bad Reichenhall, das ich von meinen Bergtouren her kenne. Ich kenne auch den Weg gut. Der nahe Untersberg hat es mir ganz schön angetan. Predigtstuhl, Loferer Steinberge, und wie sie alle heißen mögen, grüßen mit ihren Schneekappen in greifbarer Nähe. Wann komme ich wieder zu einer vergnüglicheren Wanderung in diese prachtvolle Welt?

Busch gelingt das Unwahrscheinliche. Er sagt zu dem amerikanischen Captain, dass unsere Familien aus Salzburg evakuiert und über der Saalach im ersten bayrischen Ort wohnhaft seien. Wir dürfen für zwei Stunden hinüber und wandern freudigen Sinnes über den Sinzheimer Steg.

Unser Dasein als freie Österreicher hat damit sein Ende gefunden.

HEIMKEHR

Nun sind wir wieder in Deutschland. Zwar sind wir noch nicht zu Hause, aber wir sind doch den Tschechen entkommen, den Russen entflohen und aus Österreich geflüchtet. Unsere Gefühle kann man nicht niederschreiben. Nach menschlichem Ermessen kann uns nun nichts mehr passieren.

In unsere Freude mischt sich der eine Wermutstropfen, dass keiner von uns weiß, was mit Frau und Kindern ist. Aber wir sind in Deutschland, und das ist zunächst alles, wenn die Verhältnisse in der Heimat auch noch so niederschmetternd sind. Alles Weitere wird sich schon ergeben.

Mit dem Verlassen des Sinzenheimer Stegs kommen wir nach Oberbayern. Wir dürfen nur kurze Zeit dableiben. Deswegen laufen wir, was unsere müden Knochen hergeben, in die alte Richtung: Westen.

Es ist ein wunderschöner Nachmittag. Kumuluswolken bevölkern den blauen Himmel. Linker Hand grüßen die schneebedeckten, ewigen Berge. Die sauberen bayrischen Dörfer mit ihren schmucken stilvollen Bauernhäusern erinnern an vergangene Tage einer seligen, unvergänglichen Studentenzeit. Der Krieg ist spurlos an diesen Siedlungen vorübergegangen.

In Teissendorf machen wir Halt. Der Bürgermeister gibt uns Lebensmittelmarken für eine Woche. Wir tauschen sie gleich ein. Am Abend können wir mit einem Güterzug nach München fahren. Die Nacht verbringen wir dort am Ostbahnhof in einem Schlafwagen 1. Klasse. Zum ersten Mal hören wir vom Ausgangsverbot, es uns verleidet, in die Stadt zu gehen und Bekannte aufzusuchen.

Wanzen treiben uns früh auf die Beine. Der neue Tag findet uns bei Familie Friedel in Grünwald. Es sind Brünner Bekannte. Wir können uns dort nicht nur waschen und baden, sondern nach langer Zeit auch einmal ausreden. Es gibt viel zu erzählen und noch mehr zu fragen. Wir wissen ja immer noch nicht viel über die neuen und traurigen Verhältnisse in Deutschland. Frau Friedel ist überrascht über unser Erscheinen und bewirtet uns gastfreundlich.

Gegen Abend versuchen wir in Pasing bei München, das wir mit der Straßenbahn erreichen, einen Zug Richtung Stuttgart zu erwischen.

Wir warten nicht sehr lange an einer uns geeignet erscheinenden Blockstelle, dann sitzen wir in einem offenen Güterwagen.

Mitten in der Nacht halten wir in Augsburg.

Busch verlässt mich hier. Er ist zu Hause. Wir drücken uns still die Hand und scheiden.

Für mich soll es weiter Richtung Westen gehen. Die Nacht verbringe ich frierend auf einem offenen Bahnsteig in Augsburg. Mehrmals wechsle ich Wagen und Zug, weil es immer wieder heißt, ein anderer der auf dem Bahnhof haltenden Güterzüge fährt ab.

Um 9 Uhr morgens geht es endlich weiter. Der Zug fährt langsam, aber beständig. Heiß brennt die Sonne in den offenen Wagen. Ich habe nichts mehr zu essen und als blinder Passagier in einem Zug leerer Güterwagen auch keine Gelegenheit, etwas zu bekommen. Bekannte Dörfer und Städte ziehen langsam vorüber. Ulm ist sinnlos zerstört. Leicht fahre ich hier über die junge Donau, um deren Übergang wir einige Hundert Kilometer weiter östlich so oft und lange ratschlagten und kämpften. Nun bin ich in der engeren Heimat, im schönen Schwabenland. Die Menschen reden wieder meine Zunge. Der Zug fährt nach kurzer Steigung über die Alb und dann die Geislinger Steige hinunter. Er erreicht langsam rollend Göppingen. Hier muss ich raus, wenn auch der Zug nicht halten wird. Ich springe kurz vor dem Bahnhof ab, damit ich den dort sichtbaren Posten nicht passieren muss. Beflügelten Schrittes schreite ich durch mir bekannte Straßen. Es ist Sonntagabend 1/2 6 Uhr. Noch sind es 21 Kilometer nach Hause. Um 9 Uhr ist Zapfenstreich, d. h., alle Menschen müssen da von der Straße weg sein.

Heimwärts geht es raschen Schrittes. Bauersfrauen schauen auf. „Da kommt auch wieder einer", höre ich sagen. „Der läuft aber noch gut", meinen sie. „Ja, er läuft noch gut. Bei ihm hat der Endspurt begonnen!" Hindernislos dränge ich zum Hohenstaufen. Vom kaiserlichen Heimatberge erblicke ich zuerst das heimatliche Tal. Gmünd ist nicht zerstört, hörte ich schon in Göppingen. Über den Aasrücken geht es bergab. Kurz vor der Sperrstunde betrete ich als einsamer Wanderer mit wunden Füßen, arm wie ein Bettler, meine friedvoll in Bäume und Blüten gebettete Heimatstadt Gmünd.

In die Freude der glücklichen Heimkehr mischt sich eine tiefe Bitternis: Meine Familie, Frau und die vier Kinder, sind nicht zu Hause.

Ich erschrecke.

War alles umsonst? All mein Drängen und Wagnis, all mein Glück, das mich auf den weiten Wegen sichtbar begleitet hat?

ZU FRAU UND KINDERN

Ich kann mich in mein Schicksal nicht fügen. Acht Tage des Heimwehs nach der verlorenen Familie halten mich in Gmünd. Mein Körper braucht diese Ruhe. Dann geht es aber wieder los, diesmal Richtung Osten, der aufgehenden Sonne entgegen, auf der Suche nach Frau und Kindern.

Mein entliehenes Fahrrad kann ich auf einem Lastwagen nach Ingolstadt bringen.

Hier will ich zunächst Busch aufsuchen und hören. Nach längerem Suchen finde ich seine Schwiegereltern. Ich werde recht gut aufgenommen und erfahre, dass Busch selbst in Schobenhausen bei Augsburg weilt und dass von unseren Frauen leider nichts bekannt ist.

Am Abend fahre ich noch weiter. Sturm, Gewitter und Regen durchnässen mich. In Schrobenhausen treffe ich Busch selbst. Auch er weiß nichts von den Frauen.

Kilometer um Kilometer fahre ich weiter nach Augsburg zu einer Tante. Auch dort hat sich niemand gemeldet.

Nirgends kann ich etwas erfahren und deshalb lange verweilen.

Mein Rad trägt mich nach Freising und von da an der ganzen langen Isar entlang über Landshut, Platting nach Deggendorf an der Donau. Man darf sich in Bayern nur in einem Umkreis von 20 Kilometern bewegen. Amerikanische Posten halten mich oftmals an. Jetzt habe ich wenigstens einen Ausweis und kann mich daher ausreden. Jeder Posten muss nach Bedarf und individuell angelogen werden. Manche sagen auch gleich „Okay".

Auf dem Arbeitsamt in Deggendorf, an das ich meine Frau verwies, ist von ihr nichts bekannt.

Ich muss weiter. Eine unbekannte Macht treibt mich vorwärts.

Ich komme auf die Ruselbergstraße. Stundenlang geht es steil aufwärts durch herrlichen Bergwald. Ich befinde mich im bayrischen Wald, den wir Wochen vorher von der tschechischen

Seite her so erstrebten, und muss das Rad schieben. Mein Ziel ist der dunkle, sagenumwobene und geschichtsträchtige Böhmerwald.

Die Ruselhöhe ist erreicht. Beinahe 1000 m bin ich hoch.

Ein herrlicher Rundblick belohnt die Anstrengung. Wenn ich nur Frau und Kinder erspähen könnte. Das wäre mir heute lieber als die weite Fernsicht über Berge und Täler, hinunter zur Donau und ins niederbayrische Flachland.

Es geht wieder abwärts. Das schöne Örtchen Regen ist grässlich zerstört. Hier müssen heftige Kämpfe getobt haben. Zwiesel ist erreicht.

Im dortigen Arbeitsamt weiß man wiederum nichts von meiner Frau. Überall nichts! Wo sind sie wohl? Was kann ich tun, um sie zu finden? Niemand kann mir darüber Auskunft geben.

In Bayrisch-Eisenstein stehe ich an der neuen tschechischen Grenze. Ganze 25 Kilometer sind es noch nach Petrowitz. Man lässt mich nicht passieren. Wenn ich mit Bestimmtheit wüsste, dass meine Frau noch dort ist, würde ich auf Schleichwegen hingehen. Ich erkundige mich in dieser Richtung. Alle Einheimischen raten dringend ab. Sie sagen, Tschechen führten ein Schreckensregiment gegen Deutsche; das weiß ich ja am besten selbst. Wer gibt mir aber Frau und Kinder wieder?

Ich kann nicht glauben, dass meine Frau viele Wochen in Petrowitz bleibt, während alle anderen Deutschen trachten, aus der Tschechoslowakei herauszukommen. Schmachten sie vielleicht in einem tschechischen Gefängnis? Ich erschaudere bei diesem Gedanken.

Ein Suchen nach Frau und Kindern innerhalb der Tschechei wäre für mich sinnlos und würde an Selbstmord grenzen. Die Vernunft gebietet die Umkehr. Schweren Herzens drehe ich daher mein Rad und fahre tagelang Richtung Westen, die Donau entlang über Straubing, Regensburg, Donauwörth, Nördlingen und erreiche unverrichteter Dinge Gmünd. An manchem amerikanischen Posten muss ich wieder durch. Viele Lastwagen mit Flüchtlingen habe ich auf der Landstraße gesehen und jeden nach meiner Frau abgesucht. Die Posten handhaben ihre Aufgabe ganz verschieden.

Der eine macht es mir leichter, der andere schwerer. Immer komme ich aber weiter. Vor Nördlingen durchsucht ein Pole eingehend meinen Rucksack. Auch er lässt mich letzten Endes mürrischen Blickes ziehen, nachdem er nichts „Stehlbares" gefunden hat.

In Gmünd finde ich leere Stuben. Frau und Kinder sind auch in meiner Abwesenheit nicht eingetroffen.

Was nun?

Ich horche da und horche dort.

Gelegentlich erfahre ich, dass in der Gegend Nürnberg und Bayreuth Auffanglager für Reichsdeutsche seien, die aus der Tschechoslowakei flohen. Da will ich hin.

Der Rucksack ist schon wieder vorbereitet. Das Rad ist geschmiert.

Diesmal umsonst. Eines Tages abends um 1/2 10 Uhr kommen unerwartet Frau und Kinder. Abgemagert, zerlumpt und verlaust. Aber sie sind wenigstens da, von langer Irrfahrt heimgekehrt. Ein LKW hat sie vor der Stadt abgeladen. Die Freude über das Wiedersehen ist groß. Bangte doch meine Frau noch mehr um mich als ich um sie. Ihr steter Gedanke war, ob ich mich wohl durchschlagen konnte oder in die Hände der Tschechen oder Russen gefallen bin.

Gegenseitig erzählen wir unser Schicksal, das uns beinahe ein Vierteljahr getrennte Wege in die Heimat finden ließ.

Meine Frau erlebte den Kampf und Einmarsch der Amerikaner in Petrowitz am zweiten Tage ihres Dortseins, schon am 6. Mai 1945. Nach dem Einmarsch ging es anfänglich gut. Dann wurden die Tschechen allmählich frecher und gemein. Die Männer aus dem Lager wurden in den Keller gesperrt und bekamen täglich Schläge. Ihre Hilferufe schnitten in das Mark der Frauen und Kinder.

Ein Fluchtversuch meiner Frau und Kinder über die so nahe bayrische Grenze endete bei der amerikanischen Militärpolizei. Unter Hinweis auf das bestehende Reiseverbot wurden sie zurückgeschickt. Meine Familie kam wieder weiter östlich nach Schüttenhofen. Das dortige Lager glich einem Gefängnis. Es war streng bewacht. Die Frauen und Kinder mussten strafweise arbeiten. Die ausgesucht schmutzigsten Arbeiten mussten sie verrichten. Dazu wurden sie ausgeraubt und bekamen wenig zu essen.

Ein schwarzer Amerikaner mit seinem Lastwagen nahm eines Tages meine Frau und die Kinder mit und führte sie in 16-stündiger Fahrt über Taus, eine ganze Nacht hindurch, nach Nürnberg. Hier ging es in ein sogenanntes Auffanglager, ein ehemaliges Russenlager, das dreckig, verwanzt und verlaust war. Auf dem steinernen Fußboden mussten die Kinder liegen. Eine Entlassung war angeblich nicht möglich, weil die Verkehrsmittel fehlten. Mit einem Pferdewagen kamen sie dann aber doch aus dem Lager heraus auf die offene Landstraße. Dort versuchten meine Frau und die Kinder Autos anzuhalten und um Mitnahme zu bitten. Auf diese Art und Weise kamen sie von einem „Anhalter" zum anderen und nach Gmünd.

Nun ist die Familie wieder vereint. Wir wollen das Gewesene vergessen. Ich habe die in jahrelanger Arbeit mühsam erarbeitete Existenz verloren und keinerlei Einkommen. Das eingebrachte Gut meiner Frau ist weg. Alle in vierzehnjähriger Ehe erarbeiteten Sach- und Geldwerte sind verloren. Das Vermögen ist verloren, ein kleines, in Deutschland gewesenes Spargutshaben von der Militärregierung beschlagnahmt. Wir haben kein eigenes Bett mehr, keine Kleider und Schuhe. Ganz zu schweigen von den ideellen Werten, von Erinnerungsstücken an Eltern und Großeltern, an die eigene Jugend, an die Kinder, von schönen Büchern und ähnlichen Dingen, die in Brünn blieben und damit verloren sind. Ich besitze keinen Brief meiner verstorbenen Eltern mehr, kein Bild, kein Zeugnis, alles, alles ist in der Tschechei geblieben und von den Tschechen geraubt. Keinen eigenen Kamm habe ich, um mir die Haare zurechtzumachen, alles, die primitivsten Dinge, die jeder Hausknecht und Landstreicher besitzt, fehlen meiner Familie und mir. Dazu muss ich befürchten, dass mich die Tschechen als Kriegsverbrecher suchen. Ich muss mich daher mehr oder weniger getarnt bewegen. Ein Glück haben wir jedoch: Alle sind trotz der unendlichen Mühsale und Gefahren gesund geblieben. Und das ist schließlich die Hauptsache. Wir haben uns wenigstens gefunden und wir haben in der Freude darüber alle den Verlust von dem, was wir je an ideellen und realen Gütern besaßen, innerlich überwunden.

Das ist wesentlich. Wir können daher unbeschwert in die Zukunft schauen und ich muss versuchen, mit meinen Kenntnissen und Fähigkeiten, die mir niemand rauben konnte, in einem neuen Beruf ein neues Leben zu beginnen.

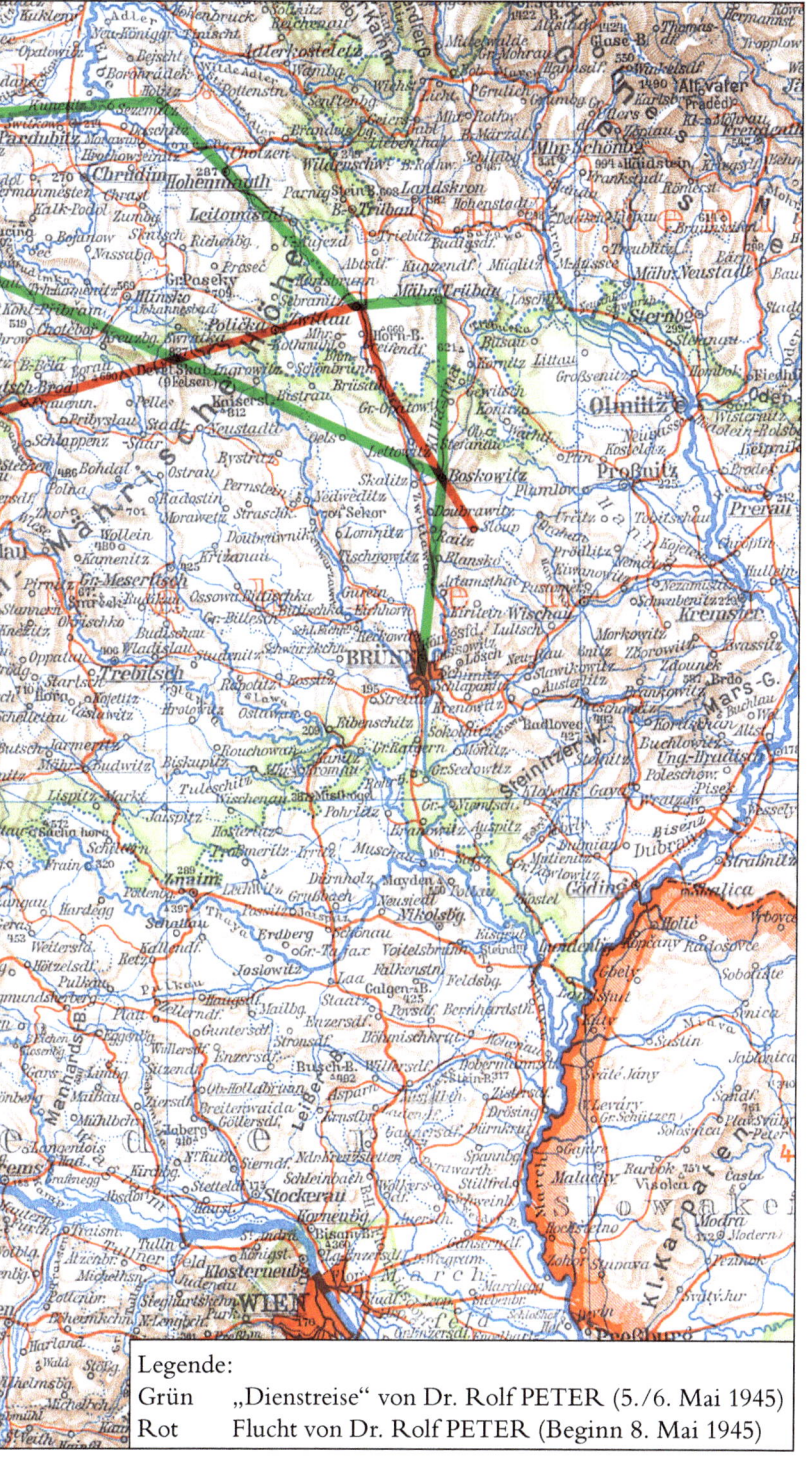

Legende:
Grün   „Dienstreise" von Dr. Rolf PETER (5./6. Mai 1945)
Rot   Flucht von Dr. Rolf PETER (Beginn 8. Mai 1945)

Der Autor

Dr. Rolf Peter (1905–1990) war während des Zweiten Weltkrieges Leiter des Arbeitsamtes in Brünn. 1945 flüchtete er vor der Roten Armee aus dem ehemaligen Protektorat Böhmen und Mähren in seine Heimat in Württemberg.

novum VERLAG FÜR NEUAUTOREN

Der Verlag

*Wer aufhört
besser zu werden,
hat aufgehört
gut zu sein!*

Basierend auf diesem Motto ist es dem novum Verlag ein Anliegen neue Manuskripte aufzuspüren, zu veröffentlichen und deren Autoren langfristig zu fördern. Mittlerweile gilt der 1997 gegründete und mehrfach prämierte Verlag als Spezialist für Neuautoren in Deutschland, Österreich und der Schweiz.

Für jedes neue Manuskript wird innerhalb weniger Wochen eine kostenfreie, unverbindliche Lektorats-Prüfung erstellt.

Weitere Informationen zum Verlag und seinen Büchern finden Sie im Internet unter:

www.novumverlag.com